hibi hibi

自分がよろこぶ暮らしかた

心が快適になる、
ほんの少しのヒント84

asako

大和書房

はじめに

この本を手にしてくださってありがとうございます。
YouTubeで暮らしのvlog「hibi hibi」
を発信していますasakoと申します。
白猫二匹と夫婦二人暮らしの日々の何気ないことを
動画に撮り、パソコンで編集し……。
いつの間にかvlogを、たくさんの方に見てもらえるようになりました。
始めた頃からは想像も出来ない、うれしくて有り難いことです。
そして暮らしの中のよろこびや発見をシェアしたいと思い、
コツコツとvlogをアップしつづける中で
私自身がたくさんの気付きをいただいていることは間違いありません。
さらに暮らしのよろこびが、どれほど尊いものか
今この時代だからこそ、しみじみと感じています。
毎日食べるものがあって、安全に寝る場所もある。
ああ～なんて幸せなんだろうと思います。

明日がどうなるか分からなくても
数年先、数十年先がどうなるか分からなくても
「今この瞬間の自分自身を満たすこと」を大切にしたいと思っています。
自分を満たすということは、実はとてもシンプルなことです。
ここにないものを手に入れて満たされる場合もあるけれど

今自分が与えられている、すでに持っている豊かさを思い出すことで
その瞬間、満たされると思っています。
ここにある豊かさは、いつも自然すぎて日常の風景に馴染《なじ》んでしまい
ないものかのように錯覚しそうになるのですが
暮らしの根底にはゆるぎない安心があることを忘れずにいたいのです。
それが結局は数十年先をも幸せにしてくれると信じています。

この本には、そんな日々の暮らしの中にあるよろこびや発見、
vlogの中では語りきれないことを、たっぷり詰め込みました。
皆様と暮らしのよろこびをさらにシェア出来たらいいなあ、そう思っています。

もくじ

はじめに　004

第1章　家の話

1 ／この家に決めたのは　010
2 ／古い設備はいかが？　011
3 ／インテリアのベースにあるもの　012
4 ／余白の豊かさ　013
5 ／手早く料理を　016
6 ／配置と動線　017
7 ／手作りの棚のいいところ　019
8 ／備え付けの魅力　019
9 ／リビングに求めるもの　022
10 ／古い北欧家具と無印良品　023
11 ／今日を手放すイメージ　025
12 ／洗面室の使い勝手　027
13 ／洗濯機置き場　028
14 ／浴室に置くものは　029
15 ／やけに広いトイレ　031
16 ／玄関のスツール　033
17 ／玄関の棚の上　033
18 ／心の底から気分をあげる　035

第2章　おいしい日々

▷ 晩酌
春／040
夏／048
秋／058
冬／066

19 ／ひとときの美味しさ　038
20 ／地元の食へ興味を持つこと　039
21 ／調味料のこと　044
22 ／前菜のポテンシャル　045
23 ／朝食はホットサンド！　046
24 ／朝のまな板　052
25 ／晩酌の器　053
26 ／小鉢が好きで　054
27 ／小さな注ぐもの　054
28 ／好きな器 民藝のもの　055
29 ／アラビアの器　056
30 ／教えてもらった食材　057
31 ／愛用のキッチンツールたち　062
32 ／専用のもの大集合　064
33 ／お酒の選びかた　070
34 ／お酒遍歴　071
35 ／義務じゃないおかずストック　072
36 ／昼食はとらない すべては夜のために　073

第3章　着る。洋服のこと

37 ／私が服を作るわけ　076
38 ／これまでに作った服たち　078
39 ／衣類の収納　080
40 ／クローゼット公開　081
41 ／バッグは3つだけ　082
42 ／バッグの収納　083
43 ／明日着るものを用意しておく　084
44 ／暑さ寒さの定番服　085

第4章　心とカラダ

45 ／ 365日幸せじゃなくても　088
46 ／ 心地よさを感じられる習慣　089
47 ／ 心がほぐれるきっかけを　090
48 ／ 自分を大切にすること　091
49 ／ 実験みたいに楽しむ自然療法　092
50 ／ 心をあたためる　093
51 ／ ノートは鏡　094
52 ／ 優しさが詰まっている本・3選　095

第5章　モノモノ

53 ／ カゴと琺瑯に惹かれる理由　099
54 ／ 日本と北欧の日用品　100
55 ／ 製菓用品の思い出　102
56 ／ 旅先で出合う 集める　104
57 ／ 補修と愛着　107
58 ／ 新調するよろこび　108
59 ／ モノの買いかた　109
60 ／ お助け家電　110

第6章　家事時間

61 ／ 家事について思うこと　114
62 ／ 家事のリマインダー　116
63 ／ ちりつも家事の仕組み　118

第7章　収納アイデア

64 ／ 収納アイデアの見つけかた　124
65 ／ 収納用品の存在感　126
66 ／ カゴ収納の何がいいか　130
67 ／ 無印収納　131
68 ／ 収納を工夫する楽しみ　132
69 ／ 玄関に何を置きたい？　133

第8章　自然と親しむ

70 ／ 自然のリズムで自分リセット　136
71 ／ 山へ行く　138
72 ／ ノイズのない場所　139
73 ／ my畑へ行く　140
74 ／ 数値だけじゃない世界　143
75 ／ 季節の植物　144

第9章　楽しみの作りかた

76 ／ 夏の飲みもの　148
77 ／ 紅茶の楽しみ　149
78 ／ ピザ作り 意外な組み合わせ　150
79 ／ 本日のしたいことリスト　152
80 ／ 楽しみの原点　153
81 ／ 温泉めぐり・酒蔵めぐり　154
82 ／ 旅の支度　155
83 ／ 旅での楽しみを暮らしにも　156
84 ／ 夜の気分　157

おわりに　158

第1章　家の話

どんな日でも帰る家がある。
くつろげる場所の有り難さ。
毎日をちょっとでも快適に楽しく
心をこめて暮らしたい。

1／この家に決めたのは

この家と出合ったのは、若葉が生《お》い茂る緑まぶしい季節。夫の出身地である石川へ引っ越そうと大阪から訪れていたのです。

川のほとりに住みたくて、家を見てまわったけれど、何かに阻《はば》まれるように、あと一歩で決まらない。ことごとく。

入居者が先に決まったり、見たかった部屋と違うところへ案内されたり。うーむ、どうなる私。

気が付くと、摩訶不思議。川とは程遠い山の上に辿《たど》りついていた……ってお話。

そこで私の目にとびこんできたのは、キラキラと輝く緑、はるか遠くには日本海。マンションの部屋の扉を開けてもらった瞬間、風が心地よく通りぬけていった。

窓からの緑

大きな木が気持ちよさそうに葉っぱを揺らしている姿。西日に照らされた、その影のゆらぎにふと心が静かになります。
便利・不便以前にこの家が好きだなあと感じたのです。

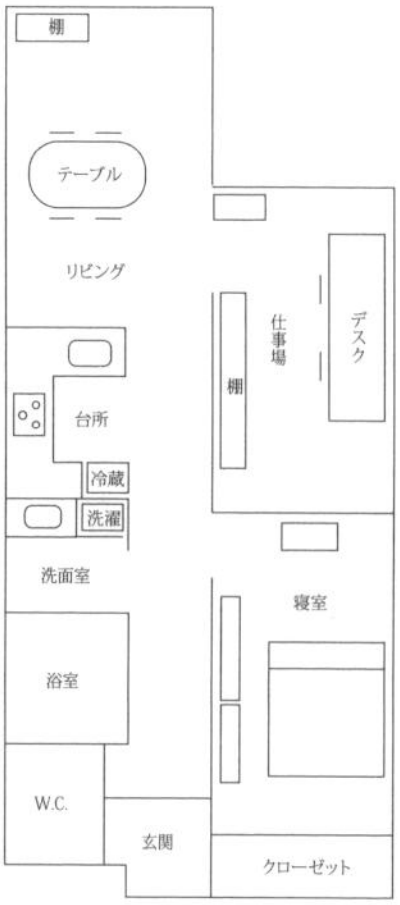

2LDK
まどり

築27年

賃貸希望だったけど、期せずして持ち家に。ちなみにリフォームはしていません。

2

古い設備は いかが？

washroom

○ タイル

このマンションの魅力はなんといってもちょっとモダン、かつ、懐かしい雰囲気。壁のタイルがたまらない。

kitchen

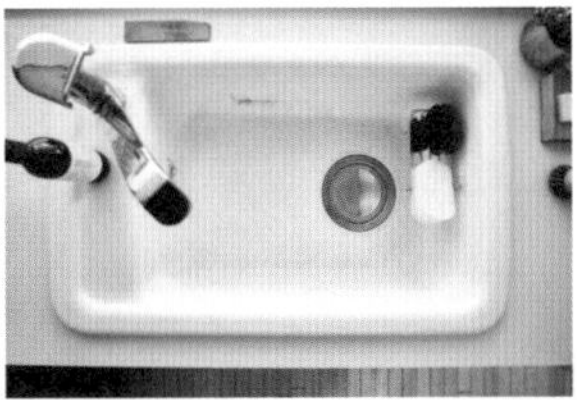

○ ガス台

掃除のしづらさはピカイチだけどキリッとかっこいい黒の五徳＆琺瑯《ほうろう》のガス台はいつでもキッチンの主役です。

○ シンク

キッチンのシンクは白い陶器。こんなシンク見たことない！　と、はじめて見たとき鼻息荒く興奮した。

3／インテリアのベースにあるもの

今のインテリアに辿り着いたきっかけがあります。それはとある場所の空気が心地よかったから。その場所の空気はとても清々しくて、自分の心が自然と静かになるなあと感じました。

だから、私が自分の家にテーマを持たせるとしたら「清々しい空気を感じられる家」。そんなきっかけをくれた場所というのが、たまに足を踏み入れる、神社の境内《けいだい》です。

私が33歳の厄祓《やくばら》いのときに入った神社の拝殿。これが一番のきっかけだったような気がします。2月の立春をすぎた頃に訪れた雪が積もる神社の境内は、いつもよりもっともっと特別で神聖な空気でした。私の心も、厄祓いをしていただくということとも相まって、さらに気持ちが静か。拝殿に入ると私の他にはもう1組だけ。ピカピカに磨きあげられた床と椅子や台、少ないながらも置かれたものたちはそのひとつひとつに意識が行き渡っていることが伝わってきて、素直に美しいなあと思ったのと同時に、淀《よど》みのない空間は普段の心配ごとや停滞している気分とかそんなものを、すーっと浄化してくれる気がしたのです。

ああ、こんな空間が家の中に少しでもあれば……！　自分自身を助けてくれるんじゃないかって思えたのです。

巫女《みこ》さんの舞いの鈴の音《ね》が、シャランシャランと清々しく響きわたる心地のよい空間。あのときの澄んだ空気を忘れないようにしたい。そんな気持ちで私はいつも家を整えています。

がら～んとした感じのリビングです。

4 余白の豊かさ

ものがあるところと、ないところとを意識して分けています。仕事場はわりとものを置いていますが、疲れたり気分転換したいときはリビングの何もないところでリフレッシュ。

お茶したり、ぼーっとしたり、私なりの休息法です。ものでも情報でもなんでも手に入れやすい時代だからこその、ちょっとしたリセット場所なのですが、何もなくても充実する、心休まる時間は余白の豊かさを実感するひとときでもあります。

メリハリつけて

（仕事場の棚）ぎゅっとあるところ

わが家の紹介
キッチン

クルクルと立ち回れる自由さ
ステップ踏むみたいに今日もまた。
手をのばせばどこへでも、
そんな懐の広さが大好き。
わが家の小さなコックピットキッチン。

台所の工夫とアイデア

5／手早く料理を

料理はたいてい成りゆきまかせです。どっさりいただく畑の野菜や見たことのない山の実。大喜利《おおぎり》みたいにおかずを作ったり仕込んだり。そんなわが家の台所のポイントは腰より上の位置に道具を収めていることです。

屈《かが》むという動作をなるべく調理中に発生させぬように、そしてスタートをするりと切れるようにしています。

（→スタスタと歩いてきてすぐにスタート出来るってこと）。

上半身を動かせば、たちまちスピードに乗って料理が進んでいく、だなんて実に理想的です。

本当は屈む動作も健康にはいいのだけど、狭いわが家のキッチンでは今はこれがぴったり。さっさかテンポよく料理が進むと夢中になれるってものです。

さらにここには味見という名の大義名分も与えられている！　まさしく台所は小躍《こおど》りしたくなる場所なのです。

6／配置と動線

とにかく
ひとまとめ

鍋類はすぐに
使えるように

○ ツール類

もっとも出し入れが激しい菜箸、お玉、さじなど、とにかくひとまとめにしています。

（写真上）

○ お鍋の棚

お鍋類は棚に並べてスタンバイ。重い鍋もあるから屈まず取り出せることが大切。

（写真下）

キッチン収納の工夫

手作りの棚 / その①

棚板はファルカタ材です。桐材に似ていて、白っぽくて軽い。
保存瓶の直径ギリギリサイズの奥行きです。

手作りの棚 / その②

棚板はSPF材です。鍋の直径＆何個並べたいか……。
念入りにサイズを測って作りました。

7 / 手作りの棚のいいところ

手作り棚の素晴らしさはなんといってもサイズの自由さ。奥行きや幅など、わが家の台所事情に合わせられるのがいいところです。

道具のサイズを測ってホームセンターで板をカットしてもらい、ビスどめして仕上げただけ。塗装はしていません。

棚は見やすく取り出しやすい優秀な収納。料理中にパッと手にとれると集中力が途切れないので、料理を楽しめます。

手作りの棚 / その③

棚に棚をプラス

器を棚の中で重ねて収納していたところ、取りやすい上の器しか使わないという現象が。そこで、棚の中にも手作りの棚を入れました。おかげであまり器を重ねることが出来なくなり、すべての器を快適に取り出せるようになりました。

棚を追加
棚板はファルカタ材

8 / 備え付けの魅力

○ 隠し収納

下に引っ張ると登場します。多分スパイスラックでその通りにスパイスを主に収納している。とても便利です。

○ 回転収納

フライパンを収納。その下にはわが家の秘密のお菓子コーナー有。私は塩っぽいお菓子が大好きで煎《せん》餅《べい》を常にストック。

わが家の紹介 リビング

リビングはいつも穏やか。
窓から見える景色は四季を教えてくれて
私は豊かな気持ちに。
食卓の大きな丸テーブルは
たまに窓際に移動させて気分転換。

夜、食卓を囲む時間が一番好きな時間。出かけた日でも、家で仕事をした日でも、1日の終わりはここでゆっくりと食事をとる。心も体もリラックス〜。

たくさんの情報にふれたり心配ごとがわいたり、頭の中がいっぱいになって疲れたとしても、食卓で美味しいご飯とお酒を楽しむといつの間にか自分がリセットされている。

リビングは空っぽに戻れる場所。だから出来るだけシンプルな空間にしておきたいのです。

9 / リビングに求めるもの

○ テーブル

北欧の古いもので、正円にもなるし、もう一段階のばすことも出来る。10年ほど前に地元のお店で購入。

○ 灯り

テーブル横の照明はスタンダードトレードのもの。キリッとした真鍮《しんちゅう》のスタンドと、優しい雰囲気の麻のシェードが気に入っています。

10 古い北欧家具と無印良品

○ チェスト

古い北欧家具でもっとも好きなのはチェストです。お店で眺めるだけでも幸せなくらい、フォルムや質感が好きです。リビングと仕事部屋との境に置いています。

○ 食器棚

リビングにある無印良品の食器棚。ガラス扉の棚には飾るようにグラスやカップ類を詰め込んで、ギュッと収納しています。

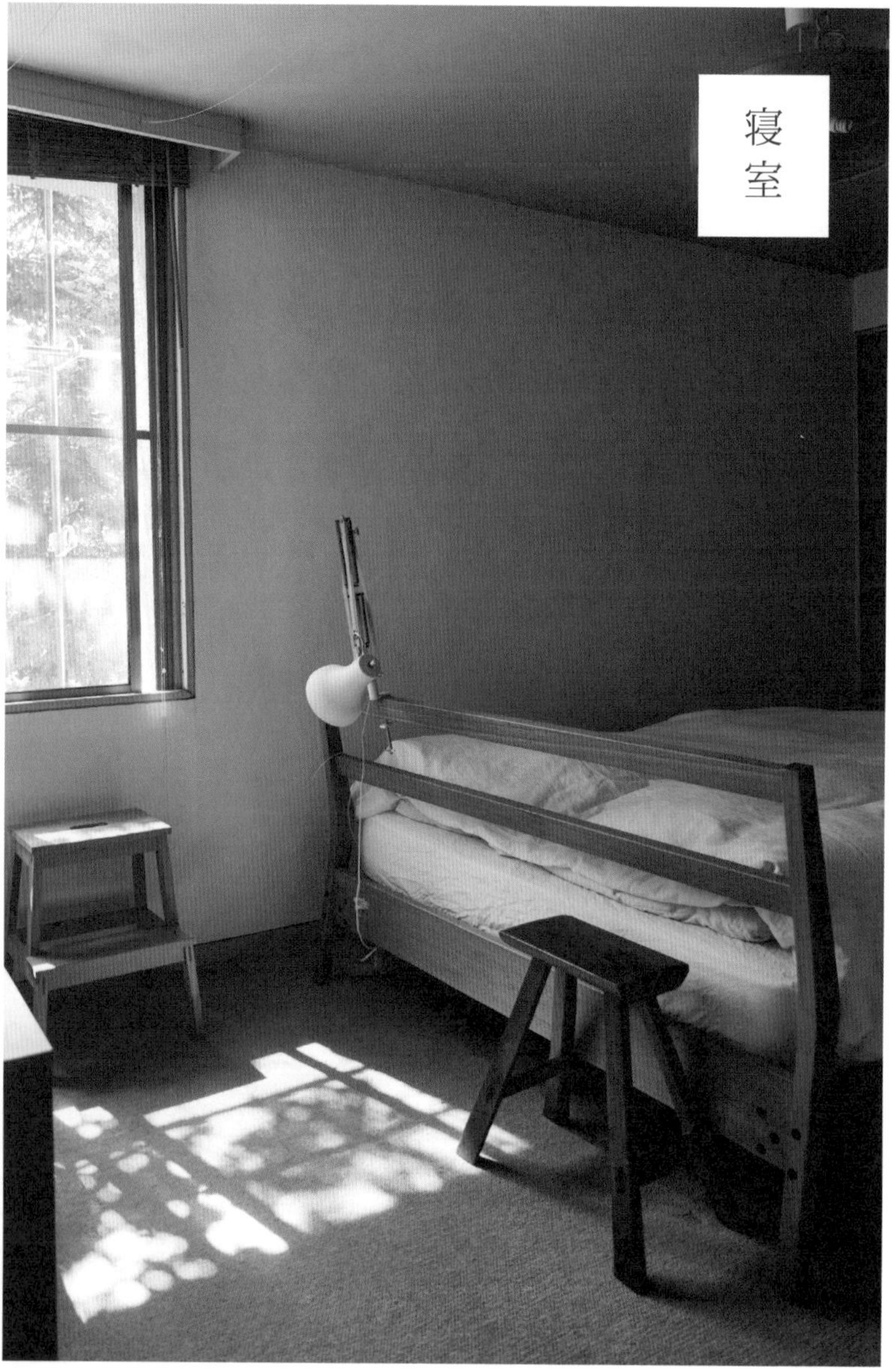

週末が寝具のお洗濯日。その日の夜のカラッとしたお布団の心地よさに身も心もほぐれていきます。まるで温泉につかった瞬間のように解放される至福のとき。

○ **寝室の本棚側**

本棚も本当はなくしてしまいたいというのが本音。しかし本も大切だし衣類も収納してくれているし（本の下のカゴやボックス）。なかなか手放せません。

11 今日を手放すイメージ

〝眠り〟についてそれほど意識していなかった頃、起きたとき頭がだるかったり、寝つきが悪い、肩がこる、など体が発していたメッセージをあっさりとスルーしていました。

本来なら、家での睡眠は一番リラックスして眠れる、いやそうありたいことなのに、出来ていなかったなあと思います。

そんなとき、とある素敵な温泉宿に泊まったのです。そこでの眠りがとっても心地よくて。睡眠に集中出来るというか、しーんと静まった感覚で眠ることが出来て、私は小さく深く感動したのでした。眠るとき体が浮いたように軽かった、というのも衝撃の体験です。

お宿の部屋は、寝室と居間があるタイプだったのですが、寝室にあるのはベッドとチェアと手元の灯《あか》りくらい。もちろん寝具は洗いたてだし、ああ〜、これが眠る準備をしたお部屋だなって思ったのです。そのときはきっと、心も体もリラックスしていたから気付けたのかもしれません。

そこから、少しずつ改良していったわが家の寝室事情。せめて枕カバーだけは毎日洗ったり、布団乾燥機でカラッとさせたり。

ちょうど家中の物を手放していた時期でもあったので、寝室もとにかく物を少なくしていきました。

今だって、まだまだ「ザ・眠る部屋」とまではいきませんが、あのお宿の寝心地を目指して、力を抜いて眠ることだけは大切にしようって思っています。

今日あったいろんなことを、その日ごとに手放すようなイメージで。

洗面室

いたってシンプルな洗面室は、白い小さなタイルが最大のポイント。
タイルってどうしてこんなにも魅力的なんでしょ。

細々したものは
帆布のボックスへ

化粧品などはこっち

ワゴンには脱衣カゴやゴミ箱を

12 洗面室の使い勝手

洗面台の隅には洗濯せっけんと
ハンドソープをスタンバイ。

洗面室（兼、脱衣所）は寝室の向かいにある間取りなので、お風呂に入る前、寝室からパジャマと下着を持って移動する距離が最短というところ、これが地味に快適です。

また、家中のあらゆるタオル類は洗面室の棚に収納しています。大きな鏡の内側にある棚なのですが、ちょうどフェイスタオル3つ折りが横に3列入ります。偶然なのか、考えられたサイズなのか、収納スペースに物がぴったりハマるって快感。無理やりドライヤーも収納したり。

お化粧グッズや化粧水もこの棚の中に全部入っています。

○ 小さなコーナー

棚板の下にはIKEAのタオルバーを付けて、とにかくひっかけられる場所をあらかじめ確保。ひっかけられる場所は、あればあるほど安心です。

13 洗濯機置き場

洗濯機置き場には扉が付いていて、このエリアは隠すことが出来るので、少しごちゃついてでも機能性を重視して快適にしています。

入居当時は防水パンしかなかったので、まず板と棚受けだけで簡単な棚を作ることに。取り付ける壁がタイルだったので、タイル用のネジを買ってきてドキドキしながらドリルで穴を開けたことは忘れられない。すぐに棚が落ちちゃうのでは?! と最初は不安だったけど10年はくっついています。わりと頑丈です。

手元の暗さ解消のため、棚板に照明を設置したり、洗濯ネット等を吊るすバーを横の壁に増設したりしました。

この洗濯スペースの前に立てば、私はたちまち千手観音《せんじゅかんのん》様のようになれるイメージです。両手を左右上下に動かすのみ。ストレスなく毎日の洗濯仕事をスムーズにこなせると、それだけで何かを達成したようないい気分に浸《ひた》れます。

14 浴室に置くものは

浴室に置いているのは、石鹸・シャンプー・トリートメントだけ。プラス、わずかながらのお掃除グッズを天井近くの棚に吊り下げています。

はじめからこうだったわけではなく、浴室用ラックとか、風呂椅子もあったけれど、それがいつの間にか消えていきました。なぜなら、私にとって浴室管理のハードルが高かったから……。そのハードルを極限まで下げようとした結果がこれです。

とにかくお掃除するものを自然と減らしたのです。毎日のお風呂の最後に、少しですがサッとお掃除。浴槽や床、シャンプーボトルなどの底をお湯とスポンジだけで磨く程度です。このくらいだから、ちょっと面倒でも続いている気がします。それでも汚れてくるよねえ。

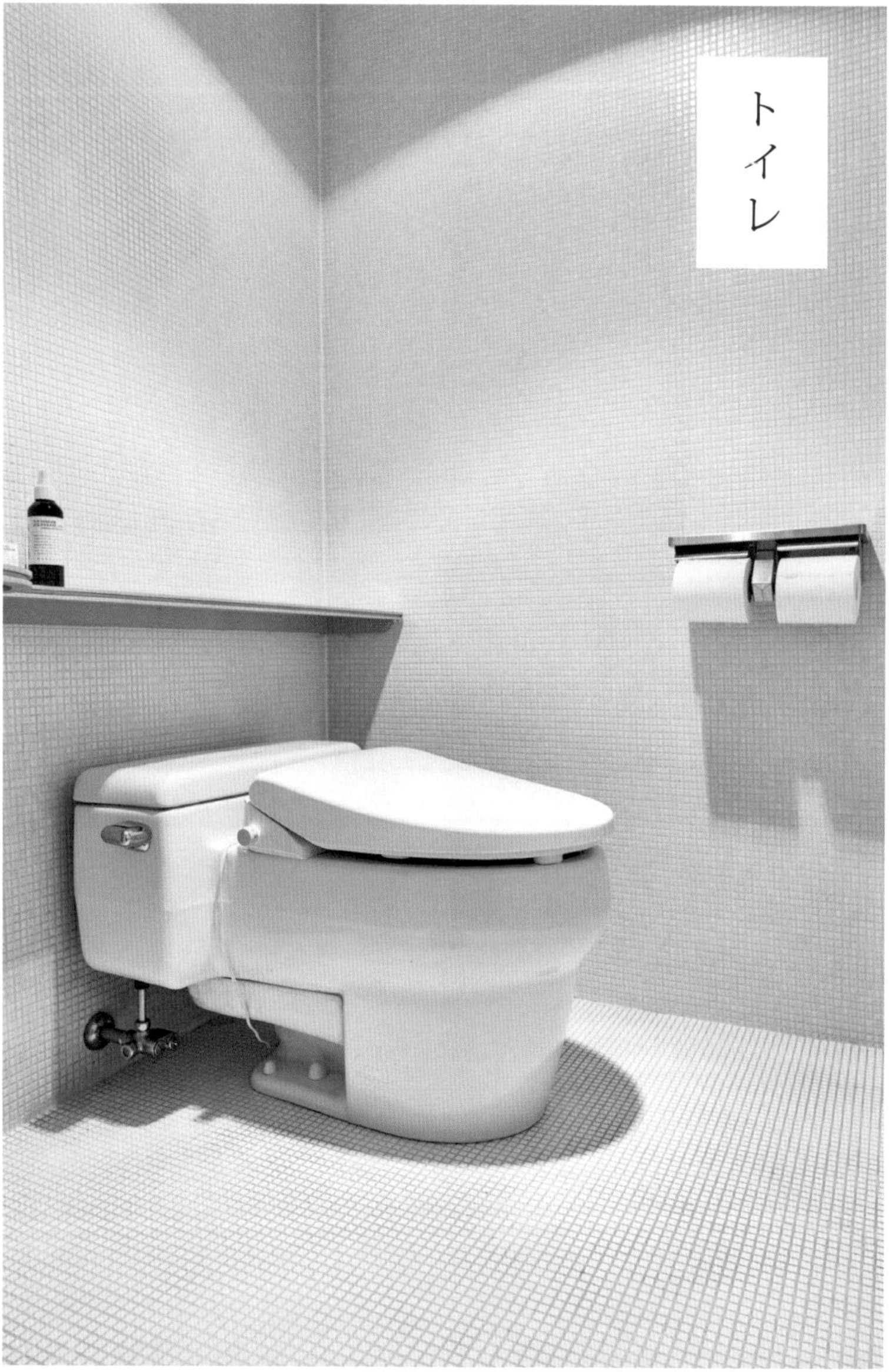

洗面室と同じ小さな白いタイルです。備え付けのトイレットペーパーホルダーは
公共のトイレみたいに2個設置することが出来て便利。

15／やけに広いトイレ

住居スペースに対してやけに広さが際立つトイレです。しかしリラックス感があって、トイレが広いってなかなかいいものだな～って思います。何を隠そう、私は素敵なお店のトイレをチェックするのが猛烈に好きで、お店に行くとわざわざ席をたってトイレへ行くほどなのです。なぜなら素敵なお店はかなりの確率でトイレも洗練されているから。そしてわが家の便器、昔入った素敵なお店のトイレの便器と同じタイプでして……。これは入居時しびれました。ハイテクな機能は一切ついていない、昔ながらのＴＯＴＯの便器がこの広々とした空間に鎮座している。

さらにはトイレの電球のワット数を間違えたため、美術館のスポットライトみたいな感じで便器がちょうど照らされているっていう珍景色でもあります。

○ 小さな手洗い

とても老朽化が進んでいるのですが、公共の設備みたいな見た目が可愛くてお気に入りです。

玄関

狭い玄関のたたきにスツールを。理由は可愛いので。光が届かず薄暗い玄関では重要な盛り上げ役。スツールは東北を旅行したときに立ち寄った青森の「ブナコ」で購入しました。長靴を履くとき、夫をちょっと待つとき、この可愛さが出発前の気分をよくしてくれます。

16 / 玄関のスツール

17 / 玄関の棚の上

○ **ポットの中身は…**

玄関でちょっと汚れを発見したとき用のウエスが入っています。

飾っているかのように、必要なものが置いてあるという棚の上が理想中の理想です。実用も兼ねられていたらいいよねと。実用が飾ってあるような。

写真奥から。**（靴ブラシ）**毎日使うのでパッと取れるようにweckの瓶に入れています。ブラシの高さとピッタリです。**（ポット）**北欧のクロニーデン社の古いものです。**（犬の置物）**これだけは本当の飾りもので、リサ・ラーソンのものです。**（鍵置き場）**鍵は存在感があるので、やわらかい雰囲気の木の器にそれとなく置いています。

仕事場

stool and chair

○ **スツール**

ちょっとした腰掛けに。猫の物見台に。さっと持ち運べるのがいいところ。

○ **夫の椅子**

アルテックの古い椅子。座面が安定していて◎(夫談)。

○ **私の椅子**

カイ・クリスチャンセンの古い椅子。座面はDIYで張り替えました。

18
心の底から気分をあげる

わが家は10年ほど前から夫婦で自宅仕事をしています。グラフィックデザインの仕事をしていて、けっこう書類やデータが発生する部類の職業だと思うのですが、整理整頓をして集中出来る空間にしています。

整理整頓は苦手な方ですが、スムーズに作業をするためにはすごく重要だと思っていて、そのときの全力を出せるように、出来る限り仕事場を整えています。

それにしても、少しの快適さが全体に与える影響はすごいなあって思う。逆に少しのイライラが全体の流れを滞《とどこお》らせるってことも経験済みで、何にでも通じているのだろうなあと感じることです。

というわけで、好みの空間にしておくことと同じくらい大切に思っていることが、書類やデータの整理整頓。そこありきでの空間こそが、私にとっての本当の快適なワークスペース。心の底から気分あげていきましょう！　という感じです。

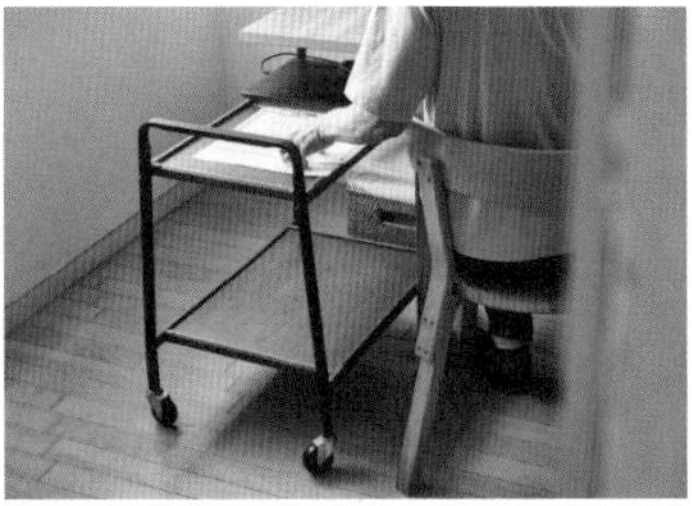

○ ワゴンの役目

作業中の資料の一時置きにしたり。移動出来るのが何かと便利です。

○ 充電スポット

デスクの死角に充電場所を作っています。スマホやイヤホンは木の器の中で充電。

第2章　おいしい日々

力の入った自分を
ゆるめる晩酌《ばんしゃく》時間。
毎夜、私のリザーブ席に
座るよろこび。
自作自演で参りましょう。
楽しみを作る豊かさ。

19／ひとときの美味しさ

出合ったり、別れたり。季節がめぐるたびに繰り返している。旬の美味しいものはそのときごとに出合えるからこそ胸が高鳴るってものです。そして少し寂しいけれど別れがあることも何だかいいなあと感じます。

そのときそのときの四季のものを味わうことは、ご馳走を食べることとはまた違った贅沢《ぜいたく》さがあると思う。なんだろう、きっと人間の本能の部分にある野性みたいなものがよろこぶんじゃないだろうか。自然はいつでも与えてくれているんだなあと思い出したり。そうすると、ふと豊かな気持ちと素直な感謝がわいてきます。自分で頑張って何かをつかみとることも素敵だけど、与えてもらっていることへの感謝を思い出すことも素敵。優しい気持ちがわいてくる源《みなもと》になりそう。

地元で代表的な２品。瓶に入っているのは乾燥ぜんまい。大好きな山菜です。葉っぱに包まれているのは笹寿司（押し寿司）で、熊笹の香りがとても心地よい。どちらも本来はハレの日に食べるもの。

20 地元の食へ興味を持つこと

その土地ごとの風土と文化になぜかすごく心動かされます。特に食への興味はいちばん惹《ひ》かれることかもしれない。昔からその土地で自然と受けつがれてきたもの。生きるために。なんて素晴らしいことだろうとドキドキします。知恵をしぼって、豊かに暮らそうとしていたことが時を超えても感じられる。だから私は、ご縁あって住んでいるこの土地の食べものに、敬意を持って関わりたいなあと思っています。

そんなわけで、普段から地元の食べものを教えてもらっては食べたり料理してみたり。そして食べものが十分にあるってすごいことなんだよ、といつも忘れないようにしたい。

晩酌

春

うかれ気分

ぽつりぽつりと、芽吹きだす木々。
きゅーっと縮んでいたものが開く季節。
私の心も日に日にゆるんで
春を全力でとり込みたくなる。

定番おかず3品

A. カタハと厚揚げの煮物

カタハという山菜はシャキぬめっとした食感が美味です。クセがなくて食べやすい。たっぷり作ってもすぐになくなります。

B. ホタルイカ酢味噌あえ

ホタルイカのほろ苦さと酢味噌が最高に合います。もちろんお酒にもバッチリです。海も山も、春はほろ苦さでいっぱい！

C. ワラビの山かけ（とろろ）

山菜とろろ蕎麦をイメージ。ワラビにとろろと海苔をかけて、お醤油でいただきます。

A.

B.

C.

メインは鶏から

春のうかれた気分に合わせて、から揚げをじゃんじゃか揚げていく。揚げ物の美味しそうな音がさらに気分を盛り上げてくれる。

春 / PM 06:30

○ 豆ごはん

塩味と豆、という潔さが昔から大好きな豆ごはん。わが家では畑の絹さやが大きく成長しすぎたら、さやの中の豆を取り出して豆ごはんにします。

春の晩酌

春といえば、山菜に桜に……どこかで出合えるのじゃないかと思うと久しぶりに外を歩きたくなります。近所を散歩しながら、植物や虫が動き出しているなあと、心がホクホクよろこんでいるのを感じつつ、そんな気分で晩酌突入です。

外の空気をまだほんのりとまといながら準備する休日の夕方の幸せ。食卓も少しずつ緑色のほろ苦い食材が登場しだします。この緑の初々しさを感じられることが毎年うれしいです。

冬の定番、大根の甘酢漬けにかんずりを和えてちょっとパンチの利いた一品に。

21／調味料のこと

基本の調味料はお気に入りを決めていて、わりと浮気もせずそればかり使うのですが（管理も楽ですし）、基本以外の調味料はお楽しみとして、旅で出合うものなど、そのとき気になったものを好奇心で使ってみたりします。お気に入りになればそれをまたその土地へ買いにいく理由が出来るのもいいところ。新潟県のかんずり（生）なんてまさにその代表で、私の近所では生タイプが手に入らないのです。火入れタイプは近所のお店でも手に入るのですが。柚子《ゆず》の香り&辛味の味噌という感じで、とにかく好みの味わいです。お鍋の季節にも欠かせません。

　美味しいなあと心から感じられるよろこびを、お楽しみの調味料から受けとっていること。大切なことは日常の中にたくさん潜《ひそ》んでいるなあとしみじみ思います。

22／前菜のポテンシャル

夕食スタートにあると安心なもの。それが美味しいお漬物《つけもの》です。お漬物だけど、わが家での登場はご飯のお供でじゃないという。そこはさておき。サッと切って出せるし、そして酸味があるというだけで、前菜のポテンシャルかなり秘めていると思っています。お隣富山県の「権次郎《ごんじろう》」の赤かぶ酢漬けが大のお気に入りなのですが、もう、じゅわ〜って酸味と歯応《はごた》えとカブの風味が最高です。たまらないです。

ひとつでもお気に入りの食べたいものがあるだけで夕食準備へのエネルギーになる気がしています。今も想像するだけで生唾《なまつば》もの、今日も早く晩酌したいです（笑）。

23

朝食はホットサンド！

塩きゅうり
ハムサンド

1. 厚めにスライスした塩きゅうりにマヨネーズをぬる。
2. ハムを重ねる。
3. ハムの上にもマヨネーズをぬり、パンを重ねてカットする。
4. トースターでこんがり焼いたら出来上がり！

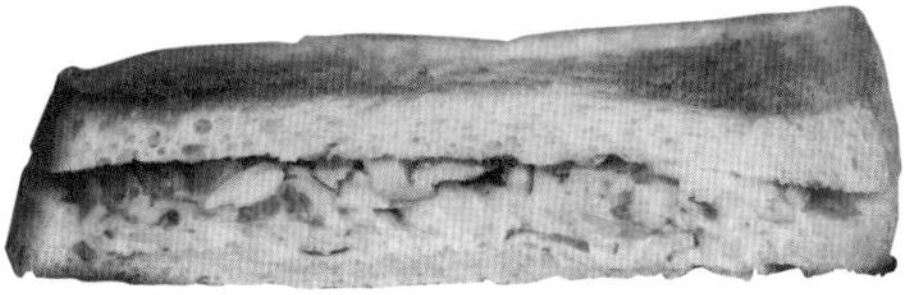

○ かにかまきゅうり

かにかまと刻んだ塩きゅうりをマヨネーズで和えて。

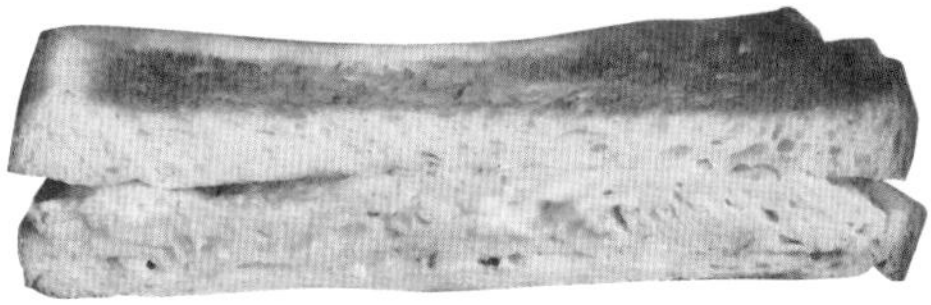

○ 大阪厚焼きたまご

大阪の喫茶店のたまごサンドの真似（イメージです）。厚焼きたまごがリッチ感あります。

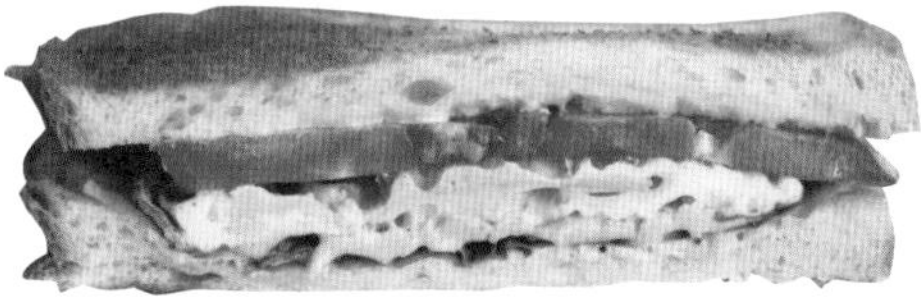

○ デラックス

その名のとおり、たっぷり具材の入った贅沢バージョンです。トマトや目玉焼き、チーズなど。

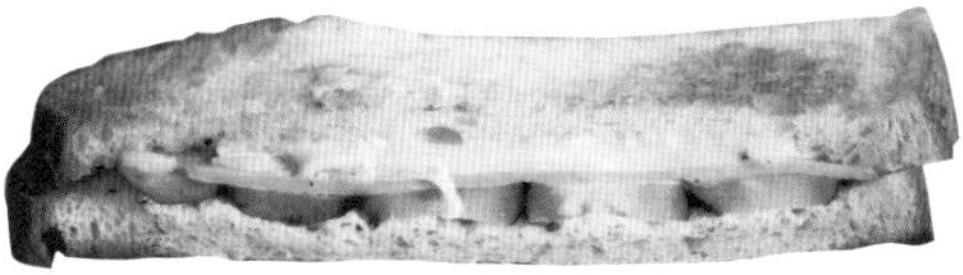

○ 塩きゅうりハムチーズ

塩きゅうりは厚めが美味しい。スライスチーズをプラスして。夏の定番中の定番サンドです。

愛しの断面図

ホットサンドのために毎朝起床しているようなものです。これがあるから起きられる。季節によって中身が少しずつ変わるのも楽しみなところです。

　ホットサンド作りは夫の担当です。いつも私が朝の掃除をしている時間にせっせと作ってくれています。だからじっくりと作っているところを見たことがありません。企業秘密のような、知られざるホットサンド作り。

晩酌 夏

ちょっと明るい時間から

メラメラと燃え上がる太陽。
私も熱々とヒートアップ。
スピーディに火を入れた料理を楽しむ。

定番おかず3品

A. きゅうりと卵の酢の物

きゅうりの酢の物に甘めの炒り卵の組み合わせが好きです。仕上げに胡麻をぱらりとかけて香ばしさもプラス。

B. ズッキーニソテー

焼いただけで美味しいズッキーニに拍手。そして意外ですが、酢味噌とよく合う。添えた酢味噌にディップしながら食べます。

C. ピーマンと生姜のくったり煮

優しい味付けでやわらかく煮ます。生姜を利かせて食べるのが好きです。

A.

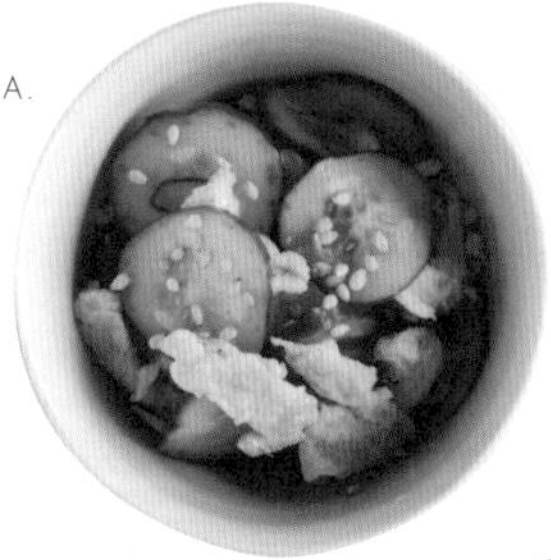

B.

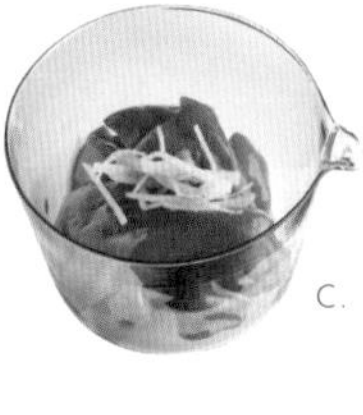

C.

○ 堅《かた》豆腐

木綿豆腐よりも、かたい。
ずっしりと詰まった豆腐。
食べ応えあります。

▷ メインは麻婆豆腐

毎日でも食べたいくらい麻婆豆腐が好きです。豆腐は木綿や絹、堅豆腐などその日の気分でチェンジします。仕上げに花椒《ホアジャオ》をたっぷりと。

かんぱーい
夏 / PM 06:00

○ とうもろこしごはん

果実のような甘さ。魅惑のとうもろこし。夏、義母の畑のとうもろこしをいただくと、真っ先にするのがとうもろこしごはん。他には蒸したり、コーンバターにしたり、何をしたって美味しいです。

夏の晩酌

雲ひとつない青空とセミの声、じっとりと汗ばむ体。

　この季節、涼を求めて毎年行きたくなる場所があるのです。それは山の中の川。爽やかな、というよりは、激流のような水量ものすごい富山県の庄川《しょうがわ》という川です。五箇山《ごかやま》という合掌《がっしょう》造りの家がある地域なのですが、そこの橋から眺める庄川の圧倒的なエネルギーと涼。心から元気になれる場所なのです。その五箇山でいつもお土産《みやげ》に買うのが「堅豆腐」で、この豆腐で麻婆豆腐を作るのが夏のお決まりです。

24／朝のまな板

朝食はホットサンドとコーヒー、そして最後にヨーグルトを食べるというパターンが最近の定番です。そしてホットサンド作りに欠かせないまな板。大きなまな板を出すまでもないときにぴったりのサイズ感です。

　朝食作りは夫の担当なので私はほとんど使うことがないのですが、台所で目にするたびに朝の美味しい景色を思い出す、そんなアイテムです。ちなみに商品名は「サンドウィッチボード」。まさしくの使い心地じゃないかなあと思います。

まな板類は作業台の隅に集合させています。通気のために台のような、木枠を手作り。その上にまな板を置いています。

25 晩酌の器

1日の終わりに自分をゆるめる晩酌タイム。仕事を終えて気分を切りかえるスイッチになっているのが、その日の酒器を選ぶこと。ほんのわずかな時間だけど素《す》の自分に戻れる大切な儀式みたいなものです。なんとなくの気分でお猪《ちょ》口《こ》を選んでみたり、おかずの器を眺めてそれに合うようなものを選んでみたり。人に合わせることなく、ただただ自分の好みに浸る時間。

リセットボタンを毎日の中に少しでもちりばめておこうと思っています。

26／小鉢が好きで

小鉢はわが家の晩酌時間に必須のアイテムです。おかずをちょこちょこ盛りつけながらお酒のことを想像する時間の幸せさよ。これから始まる楽しい予感を小鉢に盛りつけるって感じでしょうか。少しずつおかずがあると、ちょっとしたお漬物でも立派な一品に見えてくる。どうしたって小鉢のおかげです。

27／小さな注ぐもの

子どもの頃のおままごと遊びの思い出が優しいからなのか、小さなものの存在ってなんだかときめきます。しかも、注ぐという行為って無性《むしょう》にワクワクしませんか。植物にジョウロで水をあげるときの感覚みたいに、すう〜って流れ出ていく水の動きの心地よさ。わざわざ使いものが増えるけど、洗いてしまいます。

28 / 好きな器 民藝のもの

民藝の器は、おおらかな空気が出ています。美しいのだけど緊張感がないというか。こちらまで伸びやか〜な気分になれます。わが家にある民藝の器のほとんどが小鹿田焼《おんたやき》と出西窯《しゅっさいがま》のもので、和食でも洋食でも、民藝の器に盛りつけるとたちまち美味しそうに見えるのです（ここ重要！）。

29 ／ アラビアの器

北欧の器メーカー、アラビアが大好きです。昔のアンティークの器も現行品の器もどちらも持っているのですが、何が好きかって、あのちょっと昭和感が出ているところでしょうか。だけど、日本じゃなくて外国の空気感だから、懐かしさの中にも新鮮さを感じるのです。北欧のものは可愛さと美しさのバランスが絶妙だなって思います。

ちなみに、先の民藝の器と相性良しなのもグッドです。

ワラビ

生姜醤油が最高に合う。春～初夏にかけてサラダのようにモリモリ食べます。

せんな

ワサビの葉を醤油漬けにしたもの。ツーンと爽やか。熱々ご飯に合います。

あさつき

とにかくサッと湯に通すのがポイント。酢味噌か酢醤油でいただきます。

30／教えてもらった食材

私は10年ほど前から、夫の出身地である石川県に住んでいます。生まれは関西なので、こちらに住むようになってから知った食材もちらほらと。

その中でも特に好きになったものが春の山の食材です。山菜が代表的で、それまではたまに温泉宿に泊まったときに口にするくらいだったのに、今ではとても身近な存在に。なんといっても春はそこらじゅうに山菜が芽吹《めぶ》いているのですから。探せばアスファルトの散歩道の脇にだってワラビはあります（とても小さいものですが）。

そして山の食材を色々教えてくれるのは義母です。今までにいろんな食べたことがないものを食べさせてもらいました。もうそれが面白くて楽しくて。道端に三つ葉が生《は》えていることや田んぼにセリが生えているのを教えてもらったときの興奮は今でも忘れられません。「これは毒ゼリじゃないよね？」と聞いても「毒ゼリは知らないけどこれはセリだよ」という答えだけで、違いを教えてくれるわけでもない。そんな体当たりなレクチャーを受けつつ、少しずつ山の（里の）食材と仲良くなっていったわけです。

晩酌

秋

実り

鈴虫の音がリンリンと。
少し肌寒い日が続いたら大きな土鍋の登場。
暖をとりながらお鍋と実りを囲む幸せ。

定番おかず2品

A. 炒りかぼちゃ

かぼちゃをこんがり焼いてから醤油・みりん・水で蒸し焼きに。ホクホクだけどしっとりとしているのが好きで、おつまみによく作ります。

B. すぐり菜の野沢菜漬け風

長野県の野沢菜漬けが好き。野沢菜はなかなか手に入らないので、大根のすぐり菜（間引き大根の葉）で代用。浅漬けのような簡単レシピで漬けた野沢菜漬け風です。

A.

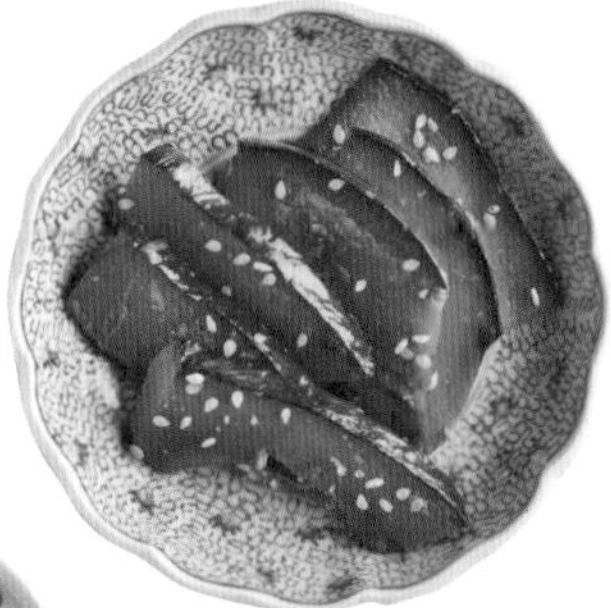

B.

▷ メインはきのこ鍋

きのこは少し奮発して美味しそうなものを。なぜなら、きのこのお出汁《だし》が重要だから！　鶏団子を茹《ゆ》でたときのお出汁も使います。

秋 / PM 05:30
グツグツ…

ども、ども
何はなくとも
まずはお酒を…

秋の晩酌
秋の夜長
きのこ鍋

スタートの合図！

湯気のゆらぎに
癒される
お出汁の香りに
包まれて…

カー
カー
りんりん
りんりん

きのこと
鶏団子を確保

長い夜を
楽しみましょう

Zzz

31 / 愛用のキッチンツールたち

1

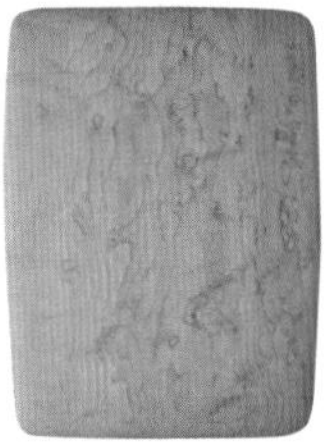

2

3

4

5

6

7

8

1/一番よく使うまな板。包丁の刃渡と相性がいい。**2/**エドワード・ウォールのサンドウィッチ用のメープルのまな板。木目が美しい。**3/**小さなカッティングボード。羽子板のようで（サイズも）可愛いです。**4/**グローバルの牛刀20㎝。まさしく万能です。夫が研いでくれています。**5/**グローバルのペティーナイフ。ひとつあると便利なサイズ。**6.7/**フライ返し・お玉は昔の無印良品。**8/**トングは最近買った無印良品。接合部分がないところが好きです。

9

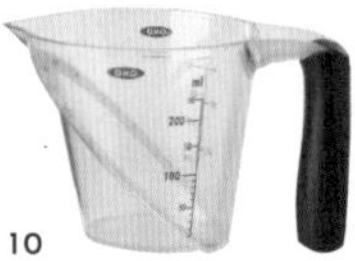

10

11

9/はさみ。小さめだけど切断力がある。ホームセンターにて購入。**10/**オクソーの計量カップは上から目盛りが読めるのが◎。一度使うと手放せない。**11/**ピーラーは貝印のオーソドックスなタイプ。20年くらい使っていそう。

12
13
14
15
16

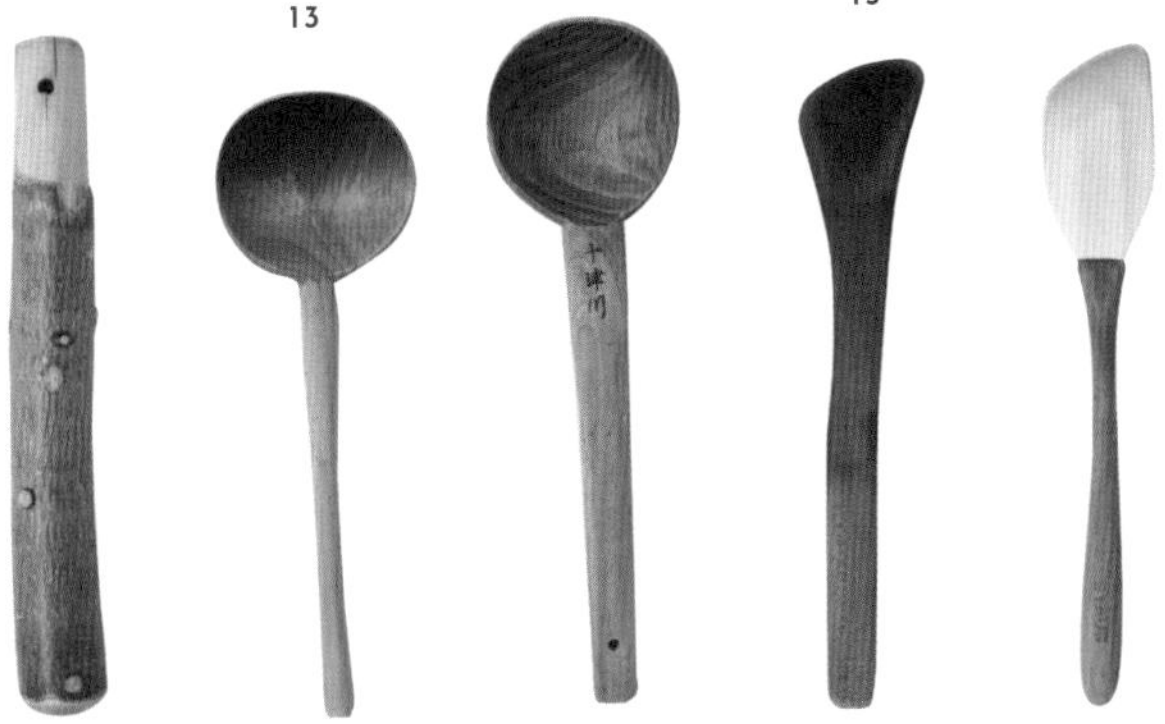

17
18
19
20
21
22

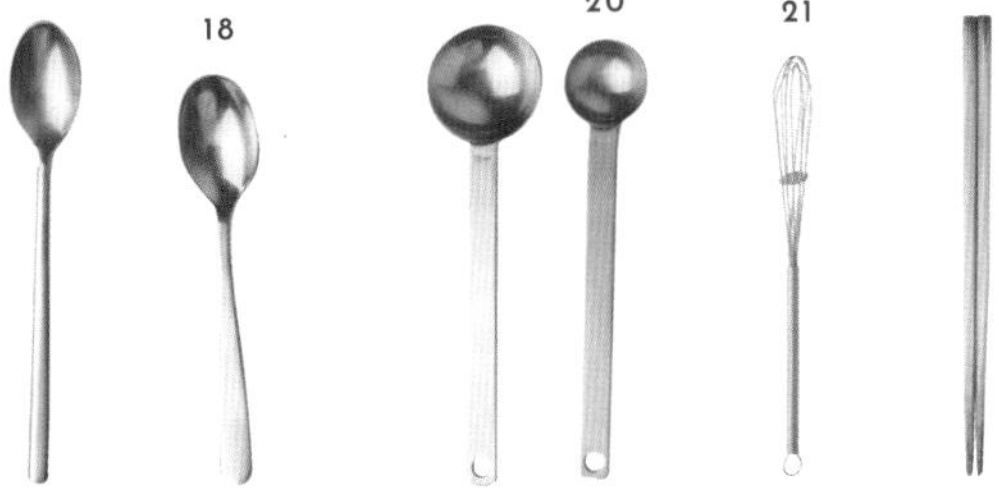

12/山椒《さんしょう》の木のすりこぎ。昔、輪島の朝市で買いました。13/朴木《ほおのき》のお玉は鋳物《いもの》のお鍋用に。14/奈良県の十津川《とつかわ》温泉で購入。柄に「十津川」と入っているのがポイント。15/桜の木の木べらは父作。16/ストウブのシリコンべらは耐熱です。木の持ち手が優しい使い心地。17/カイ・ボイスンのスプーンを贅沢に調理用に。口が狭い瓶でも入るのが良い。18/無印良品のシンプルなスプーン。たくさん常備して調理用に。19.20/無印良品の大さじ小さじ。21/小さな泡立て器はドレッシングを作るときに必須です。22/菜箸は熊本県の道の駅で購入。竹のお箸です。

23

24

25

26

23/蒸籠《せいろ》は二代目です。照宝《しょうほう》の21㎝を愛用。24/石川県でよく見かけるマタタビのザルなど（もれなく猫を誘引します）。25/食器用スポンジはイオンのPB商品。やわらかめだけど意外と長持ちしてくれます。26/たわしは亀の子たわし一筋。大は鉄フライパンを洗う。小は野菜の泥落とし。

enjoy cooking!

安定感あります

○ **セラミックおろし**

生姜好きには欠かせない。昔、D&DEPARTMENTで買いました。

必中！鮫皮

○ **わさびおろし**

昔、岐阜県の道の駅にて購入。わさびをおろす頻度が高いので、とても活躍しています。

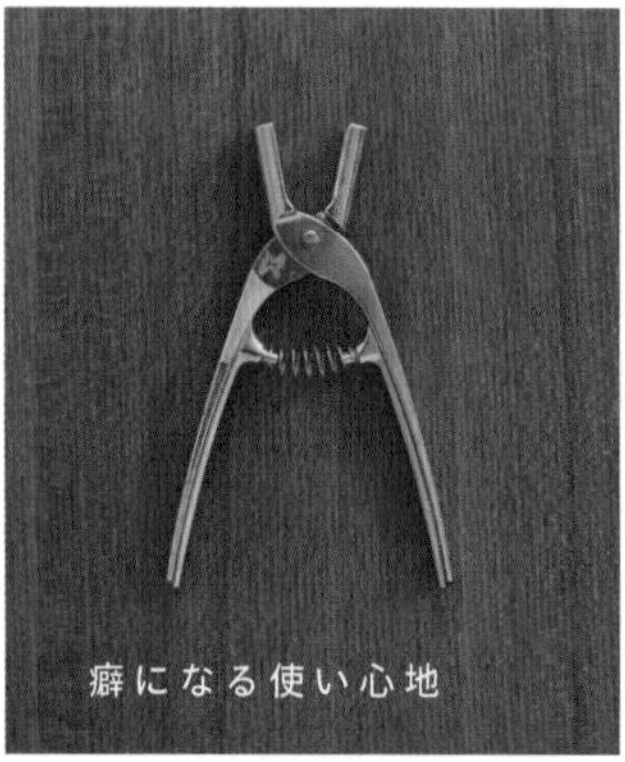

癖になる使い心地

○ **ぎんなんくん**

強そうな見た目です。その名の通りぎんなんの殻割りが出来ます。パキッという感触が癖になります。

器のような

○ **陸兆さんのミニパン**

南部鉄器の蓋付ミニパン。食卓にそのまま出せて便利です。ミニグラタンにもいい。2つ所有しています。

32 専用のもの大集合

○ 醤油さし

甘酢入れと同じくCANASAさんのもの。受け皿がうれしい配慮です。

○ 甘酢入れ

カニを食べるとき専用。酢飯を作ったときに寿司酢が余った場合もここに入れます。

○ ミニ五徳

小さい琺瑯のミルクウォーマー（写真上の）だけが、唯一わが家の五徳から落ちてしまうので。

○ 木屋さんの薬味寄せ

セラミックおろしの薬味を集めるときに。とてもしなるので安心して使えます。

晩酌 冬

ほろ酔い熱燗《あつかん》で いい気分

窓の外はシーンと静か。
葉っぱを落とした木々には白い雪が降り積もる。
家の中のあたたかさをよろこぶ晩酌。

メインはシューマイ

蒸籠にぎゅうぎゅうに詰め込んだシューマイ。蓋を開ける瞬間、思わず笑顔になってしまいます。

小さなフライパンで手軽にぎんなんを揚げ焼き。揚げている途中でツルッと薄皮がとれるのが面白くていつも集中してしまいます。

定番おかず3品

A. 揚げぎんなん

冬のおつまみに頻繁《ひんぱん》に登場。色の美しさにいつもうっとりします。手軽に揚げ焼きで最後に塩をぱらりと。これだけで上品な一品になるところが素晴らしい。

B. 白菜と柚子の塩昆布浅漬け

柚子皮を利かせた、爽やかな浅漬けです。塩昆布がいい仕事してくれます。

C. 里芋の煮物

こんにゃく入り。少し筑前煮のような雰囲気になります。落ち着く組み合わせで冬の晩酌にぴったりです。

A.

B.

C.

豚肉と玉ねぎたっぷりのシューマイ。ほかほかが詰まっている、幸せな食べものですね。

冬の晩酌

ストーブの温《ぬく》もりの安心感。家があるという素晴らしさをもっとも感じられる季節です。日が暮れる時間も早まって、つられるように晩酌も早まる気がします（笑）。

お酒の熱燗準備をしながら、しぜんと心もあたたまっていく。窓の外の家の灯りを眺めながら「みんな家があって幸せだね……」などとうれしくなりながら、ほろ酔いが完成していきます。

冬 / PM 05:00

33 お酒の選びかた

私の幸せの源といってもいい日本酒。想像するだけでニヤけてくることって生きるうえで大事ですよね。

お酒は地元の酒屋さんで買うのですが、毎度脳みそはフル回転で、完全にスイッチ入ってます状態。アドレナリンすごい出ていそうなONモードです。それはなぜかと言うと、お酒をいつも数本選ぶのですが、

▽選んだ数本の味の方向性がかぶらないように（すっきり系・フルーティー系・旨口《うまくち》系etc…）。

▽晩酌酒としてわが家にとって適正な価格か？

▽あまりお店に長居していると迷惑かもとヒヤヒヤ。

こんな感じで、酒屋さんを出たときは頭から蒸気が出ていそうなくらい真剣、本気でお酒に向きあってます。何はともあれ情熱を注げる時間っていいものですね。

34 / お酒遍歴

start

○ ワイン時代

チーズとワインにハマった時代。ワインの選びかたが分からず詳しい友人に尋ねると、「美味しいと思ったワインの輸入会社を攻めてみるとか」と教えてもらい、少しずつその方法で開拓していきました。ワインの一期一会感はとても魅力だなあと思います。

○ ウイスキー時代

ワインの選びかたを教えてもらった友人宅で飲ませていただきハマる。食事中はお安いウイスキーをハイボールにして飲んでいました。写真のウイスキーは私が一番好きな銘柄で、引き出しの多い静かな紳士って感じの味わいです（意味分からなくてすみません）。

700ml

750ml

○ 焼酎時代

まさか焼酎を飲む日が来るなんて。と、若かりし頃は想像出来ませんでした。義母が屋久島へ旅行に行った時のお土産で「三岳」という焼酎をいただき、飲んでみると美味しい！　ここから芋焼酎にハマり、鹿児島県まで行きました。

900ml

今、ここ

○ 日本酒時代

食のイベントで、近頃の日本酒を飲ませていただき、それがきっかけで日本酒の世界へのめり込む。この時代に生まれてこれてよかったと思うくらいです。写真の日本酒は地元の有名晩酌酒。大好きです。

1800ml

35 義務じゃない おかずストック

ホカホカの出来たてを食べるのも幸せだけど、手早く準備して晩酌スタート出来ることもこれまた幸せなことです。そんなどちらの幸せをも叶えてくれるのが、おかずストックだなあと思います。

ストックを少しずつ盛りつけて、さらにもう一品出来たてを簡単にぱぱっと作れば晩酌準備が完了。おかずストックはよく家事貯金だなんて耳にしますが本当にそう思います。

そしてストック作りは料理とは違う家事だと思っていて（料理しているんですが）、掃除、洗濯、ストック作り……のような分類に私の頭の中では位置付けられています。だからこそ、ストック作りが楽しい。何種類か作られた時の達成感は清々しいし、義務じゃないから出来ない日があってもOK、ストックがなくても夕食の手をぬけばいいだけさ、と気楽に思っています。

夕食準備は、お米の準備と何か食べたいものを一品つくる、そして美味しいお酒をいただく。これが私の幸せのベース、プラスおかずストックがあれば言うことなしです。

36

昼食はとらない すべては夜のために

何の疑問もなく続けていたことも実はもう必要なくなっているときって色々ありそう。そんなことにたまに遭遇します。昼食をパスすることもそのひとつでした。

このスタイルになったのは、わりと最近で（ここ2年くらいでしょうか？）、それまでは基本的に1日3食、しっかり食べていました。食べるの大好きですし。しかし、どうしてもお昼から夜までの数時間じゃしっかりとお腹が減らない！　仕事はデスクワークなので体を使うわけでもないし、当たり前です。ですが夜は早めに食べたいという願望。そして夫婦揃《そろ》ってかなり食べるほうだと思うので、このままいくと、どえらいことになってしまうのでは？　という危機感もかなりありました。

色々と考えた結果、自然と行き着いたのが、「あれ、昼食って別に食べなくても良かったのかも」と昼食パスを思いついたのでした。

食べることは好きだけど、若干義務っぽくなっていたような。そして1日2食スタイルにしてみると、体重は大きく増えないことが判明。痩せもしないけど。

さらによかったことが、午前に始めた仕事が、集中力を切らさずに出来る。これが私にとってすごくよかったのです。

時間に縛られないことがこんなにも集中力を高めてくれるだなんて。もちろん間食はしっかりととっています。大好きなお煎餅をボリボリ、これもまた至福です。さらに夕食の時間にはお腹がちゃんと減っているではありませんか。めでたしめでたしです。

たまに外に出かけるときは有り難くランチを楽しんだりもしています。もう自分のやりたいようにやっているだけなのです。

第3章　着る。洋服のこと

身につけるものも
自分にぴったりと寄り添うものが理想。
心の底から自由になれるような
軽やかさを求めています。

37／私が服を作るわけ

きっかけは、私の体のサイズがSでもMでもLでもないと気付いたから。よくよく考えたら当たり前なのですが、誰しもこの3サイズで体のサイズをきっちり分けられるわけがない。しかし逆にSMLで大体の人が洋服を選べることに改めて感心したっていうのも事実です。誰がSMLを考えたのだろう、すごいなあと。

私は身長が高いので、LかXLを選ぶことがほとんどです。そして薄々は感じていたけど、どこかが合えばどこかが合わない。既製の洋服だと仕方のないことなのですが。お店でいいな〜って思って試着しても、ズボンでもトップスでも丈が足りないのです。この現実。足りないって、ひどく悲しいんですよね。

それだったら、自分で丈を延ばした洋服を手作りしたらいいのではと思い立ったわけです。けれど、いざ丈だけ延ばしても肩がパツパツだったり。幅はMでいいと思っていたのに、肩幅だけはXL必要だったり。そうしているうちに、体の全部が気になり出して、全身を計測してみたのです。その数値を表にしてSMLのサイズ表と共に眺めてみたときに、ぴーんときました。私はごちゃ混ぜだな。

もともと型というものが苦手で、学校も正直苦痛だったのです。クラス分けも苦手、同じ時間に通うことも苦手。あらゆるものが苦手でした。制服もLだったけど、本当は窮屈だったのでしょう。だって私はごちゃ混ぜなのですから！　でも苦手ということは出来る限り隠してきましたよ、もう封印に近かったかもしれない。

体のサイズを測って、この封印が解けた今、この事実は不思議と自分を楽にしてくれ、癒してくれました。私はSでもMでもLでもなかったという衝撃の事実。

自分の体に合わせた服が出来上がると、下手な仕上がりでも心の底からうれしいし、自由な気持ちになれます。それはきっと自分が自分自身であることを許しているんだろうなって思うから。失敗したっていいから自分サイズの服を作りたいのです。

○ カゴにひとまとめ

現在進行中の服や、その作り方を見るためのソーイング本、使う予定のあるボタンや糸などをカゴに収納。パッと持ち運べ、パッと片付けられるので便利です。

奈良漬が入っていた箱

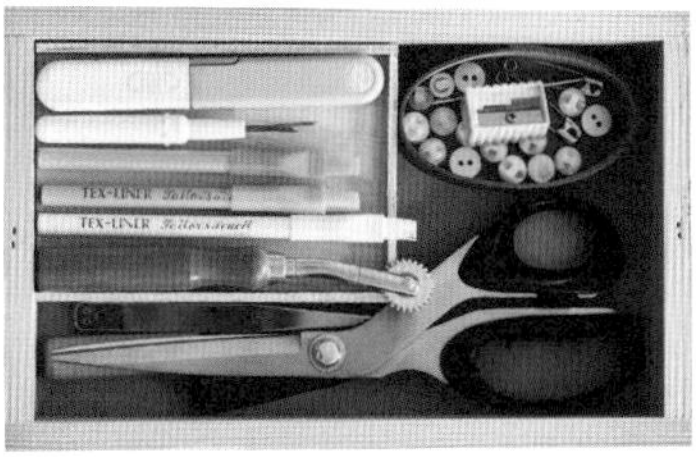

1

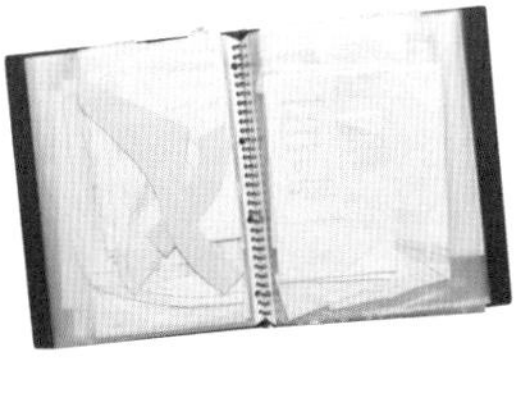

2

3

1 お裁縫箱

木箱を再利用。コンパクトなので持ち運びも楽々。あまり入らないので厳選したアイテムを入れています。

2 型紙ファイル

写しとった型紙はファイルに収納。ソーイング本のタイトル名なども一緒に入れておき、管理しています。

3 ソーイング本

ソーイング本から型紙を写して洋服を作っています。本を眺めて想像するのも幸せな時間です。

38 これまでに作った服たち

TOPS

パフ袖のブラウス

コットン生地でグレイッシュピンクという色です。色と形が私には甘い気がしたので、途中で襟元に前あきを作りました。(着心地のよい、暮らしの服/美濃羽まゆみさんの本より)

スモックブラウス

薄いコットンリネン生地の涼しいブラウスです。二冊の違うソーイング本の型紙を合体させて作りました。(月居良子さんと村田繭子さんの本より)

フレンチスリーブのブラウス

コットン生地でマッシュルームという色です。開襟ブラウスを初めて作りました。袖のデザインが可愛い。(SPECIAL SEWING BOOK/CHECK&STRIPEさんの本より)

シンプルジャケット

コットンフランネルという少し起毛しているやわらかな生地です。幅と丈を自分好みに変更しました。(SPECIAL SEWING BOOK/CHECK&STRIPEさんの本より)

PANTS

あずき色のパンツ

しっかりとしたサテンのような生地。お出かけ用です。このズボンのパターンが好きで4回作っています。（KANA'S STANDARD/佐藤かなさんの本より）

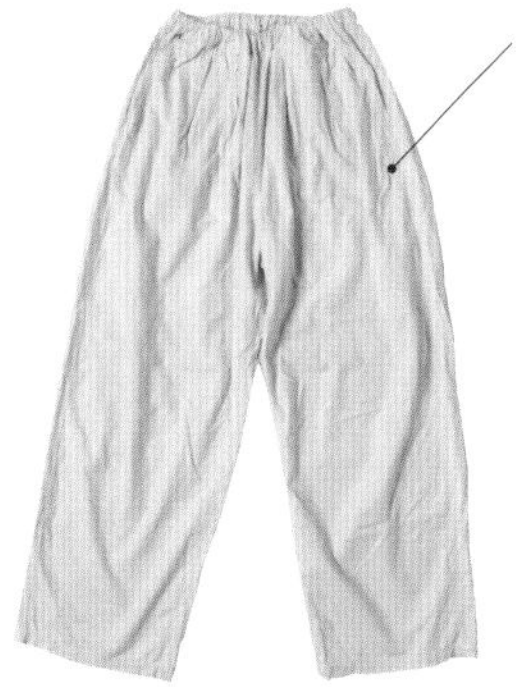

ワイドパンツ

ジャケットと同じ生地の色違いです。やわらかくてあたたかい。とても着心地がよくて母にも同じものを作りました。（着心地のよい、暮らしの服/美濃羽まゆみさんの本より）

SHIRT

メンズシャツ

コットン生地で作った夫のシャツ。リネンのような雰囲気です。パーツが多くてくじけそうになる。しかし専門的そうな作り方はとても勉強になった。（カジュアルからドレスアップまでのメンズシャツ/杉本善英さんの本より）

ONE PIECE

カシュクールワンピース

チェック柄のガーゼ生地。肌触りが気持ちいい。かなり初期の頃に作りました。袖の前後をきっと間違えている……。（シンプル&ナチュラルなおしゃれ服/コアコアさんのパターン）

39 / 衣類の収納

私のメインの衣類は本棚の下段のボックス6つに入っています。すべて無印良品のボックスでそれほど容量はありません。そこが整理整頓が苦手な者にとって吉なのです。なぜなら、おのずと管理の難易度が下がるから。衣類ボックスのこの絶妙なサイズ感のおかげで、そこまで乱れずにギリギリの秩序を保てています。

たくさん入らないから増やせない。物欲と冷静に付き合うためにもこの現実がとても役立ってくれているのです。

↓ 靴下やハンカチ・マスク

↓ セーター

↓ ズボン類

このボックスの高さも衣類収納に絶妙で、気に入っています。靴下もクルクルと丸めて高さがジャスト！

普段は扉が閉まっているクローゼット。猫のイタズラ防止に自前で簡単なロック（アオリどめ）を付けていて、普段は猫は入ることが困難なのですが……。

40 クローゼット公開

クローゼットは扉の開閉が面倒であまり得意ではないのですが、マンションに付いていたのだから活用しないわけにはいかない。出来るだけ有効に使いたいと考え、衣類関係は畳むのが難しいものだけを収納しています。普通にクローゼットを使っているといえばそれだけの話なのですが。

というわけで、ブラウスやチュニック、アウター類を収納。衣類関係はこれだけ。パズルのように重ねた引き出しには、家中の細々としたものを集中させて収めています（↓P131）。

41 バッグは3つだけ

メインのバッグはこの3つ。

①はバッグインバッグにしている「アトリエペネロープのPlain」。ちょっとそこまで、という軽いお出かけにも使えますし、可愛いので大好きです。口にボタンが付いているので安心、素晴らしい心遣い。色違いでもうひとつ欲しいくらいです。

②は「グレゴリーの黒いリュック」。普段は両手がフリーになるこのリュックがほとんどです。キッズサイズを選んだのが私の中でのこだわりです。小さめだと街で使ってもそこまで浮かないかな？　と。私の体が大きめなので、普通にリュックスタイルだと山から降りてきた人みたいになりかねない。いやいやいんですけどね。

③は「Mimi」の革のかばんです。お出かけ用で1年に数回使うくらい。大切にしています。金具がシンプルなところがお気に入りです。

タブトラッグスの黒いバケツには畳めるタイプのバッグをまとめて収納しています。バッグインバッグの小さなバッグや畑用など。立てて入れているからサッと出し入れが可能です。

42 バッグの収納

1

3

2

4

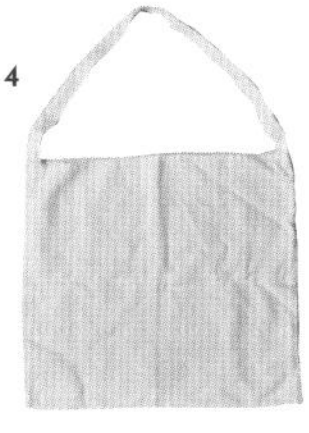

1 / マリメッコの大容量バッグ。旅のサブかばんとして、とても便利です。**2 /** マリメッコのエコバッグ。ノートや資料が入りやすいので、お仕事の打ち合わせにたまに使う。**3 /** イタリアンのお店のノベルティで、畑用。小さなサイズがとてもいい。洗濯も気兼ねなく出来る。**4 /** fogのリネン生地で作った手作りのワンハンドルバッグ。生地を贅沢に二重で作っているところがポイントです。たまに気分転換としてリュックの代わりで出番あり。

43 / 明日着るものを用意しておく

家の中の収納スペースが限られているのに、この贅沢な使いかた。衣類収納ボックスのひとつを、翌日用の衣類入れにしています。

衣類をセットするのは夜、洗濯物を片付けるタイミングで。いつも着るもののベースは大体決まっているので、洗濯したら、また翌日もそれを着ます。考えなくていいから楽ちんです（ブラウス類は当日にクローゼットから気分で選びます）。

なぜ、こんなボックスを作ったのかというと、私は朝がとてもとても弱くて。洋服を準備しながら寝てしまうことが悩みだったのです。ちょっと準備するだけでも寝てしまう。なかなか進まないので、どうにか解決出来ないかと考え出した策だったのです。セットされていたら、それをまとめて取り出して洋服を着るだけでOK、寝る暇を与えないという作戦です。

そんなわけでこのボックスは、私が朝起きたとき、ベッドから立ち上がることなく、すぐ手が届く場所に配置しています。けっこう必死で考えた仕組みです。おかげで私もやっと人並みに朝の準備を進めることが出来るようになったわけです。

44 暑さ寒さの定番服

どんな季節でも大切にしていることは、心軽やかに心地いい気分で過ごすこと。出来るだけ体に力が入らないように、いつでもリラックスしていたい。体に力が入っているということは、心にも力が入っていることだと思うから。気が張るとか気持ちにゆとりが持てない、そんな状態になっているのだろうなと。

　そんなわけで、なるべく心身ともにゆるんでいられるような定番服を好んで着ています。日々の定番服が毎日を向上させてくれるものであれば、これほど素晴らしいことはないなあと思います。

→ **暑い季節**―**ふんわりトップス＋ゆるいズボン**

← **寒い季節**―**ウールのセーター＋ゆるいズボン**

暑い季節→ 汗で洋服がベッタリするのを回避するために、ベースとして肌触りの柔らかいコットン素材のタンクトップとスパッツは必須です。その上にフワッと風が通りそうなトップスとゆるいズボンを。

寒い季節→ 寒いと着込みたくなるのですが、私にとって譲れないのは軽さなので、コットン長袖肌着とウールスパッツをベースに、セーター１枚オンリー、そしてゆるいズボン。ズボンは締め付けないものだと、血行がよくなって冷えにくいような気がします。

第4章　心とカラダ

心とカラダはつながっている。
向き合ってみると正直にそのぶん
かえってくることも素敵。
自然と一緒でいつもそこにあるもの。
大切にすればするほど
自分の中から優しさが溢れてくる。

45

365日
幸せじゃなくても

当たり前だけど、毎日いろんな日がある。上々な日もあれば、いまいちな日もあって、それは天気みたいにそこまで意味はないのかもしれない。ただその現象が起こっているだけみたいな。

それでも、天気に気分が左右されるように、起こったことに影響を受けるのは仕方がないこと。そう思えるようになったのは最近のことですが。そうか、365日幸せな日じゃなくてもいいのか〜って思うと（365日晴れの日のような）、それだけで肩の荷がおりたような気がしたのです。幸せじゃないからって不幸せなわけじゃないんだし、という開き直りとも言える。

いまいちな日は嫌だけど、だからこそ上々な日を素晴らしく思える。まずはどんな日でも、ありのままを受け入れられるように、心を開いておきたい。そう考えるようになってからは、起こったことを引きずらないように。まさしく家で一緒に暮らしている猫のように、そのときそのときに真剣に反応して、サッと気持ちを切りかえる柔軟さ。それには心も体もゆるめておくことが大切だと思うのです（かたくなだと、気持ちの切りかえが難しそうなので）。そして自分自身を心から信頼出来るようになれたらなあ。

化粧水もトレイに載せて、大切にする

46 / 心地よさを感じられる習慣

はじまりの朝、いい気分でいることはとても重要だと思うので、身支度の時間は気分が上がるようなポイントを自分なりに作っています。

まずは目覚めてすぐの洗面室でのブラッシング。ほんの数十秒のことだけど、自分をいたわる感じがして気分がよくなります（なぜか洗顔じゃないのです。水が苦手だからでしょうか）。

洗面室ではトレイに載せて置いているものが多いのですが、トレイは載せているものに対して敬意を表している気がして。朝の時間にポジティブな景色が目に入ってくるような、これもちょっとした気分向上アイテムなのです。

47

心がほぐれるきっかけを

お気に入りの香りがいつもそばにあること、空気のように。小さなことだけど、とても大切です。毎日のふとした瞬間に心がほぐれるきっかけになってくれます。

ヘアケア用品に対してこだわっているほうではないのですが、自分なりにベストなアイテムを決めて使っています。松山油脂のせっけんシャンプーは、ローズマリーの香りのものを愛用。個人的な感想ですが、ローズマリーというよりは木の香り。シャンプーするときに包まれる爽やかな香りに、心からリラックス出来ます。

余談ですが、温かいシャワーは私にとってお清めみたいなもの。1日めいっぱい浴びた電磁波や、感情・思考までも洗い流すイメージで、シャンプー&シャワーします。まさしくリセット。なかなかに元気になれます。

48 自分を大切にすること

フワフワの洗いたてのパフでファンデをはたく。あ〜、優しい気持ちよさ。という、この気分が毎日のはじまりにあるかないか。メイクうんぬんからかけ離れちゃってますが、自分を大切にすることの優しさやよろこびを知ったきっかけがあったからなのです。

　とある健康法を7〜8年ほど続けていた時期がありました。冷えとり健康法という靴下を重ね履《ば》きすることで有名な健康法なのですが、靴下の基本はまずシルク。今まで私には縁がなかったその心地よさ、もう、肌が本当によろこんでいるのが分かる。

　靴下を重ね履きして、足元に意識がいくような生活をすることや、今まで冷えきっていた体に気を配るってことが私にとって新鮮で未知で、だからこそ自分の感覚を受けとることが出来たのかもしれません。それまで身につけるものの肌触りを考えたことがなかった、というギャップがあったからこそなのだと思うのですが、肌が心地いいって感じるそのよろこびは、自然と心からうれしくなれること。自分の体がよろこぶことが、こんなにも心のトゲを丸くしてくれるなんて。

　だから何か少しでも毎日の中にそんなタイミングを仕込んでおきたくて、習慣にしていることがパフの洗いたてを使うことなのです。ほんの少し何かを大切にすることで、もっといろんなことを大切に出来るような気がします。

49

実験みたいに楽しむ自然療法

自然療法のこの本、まず見た目が素敵です（下の写真）。友人から教えてもらって、内容に驚いてすぐに買いに走りました。きっと死ぬまで手放せない本でしょう。今まで見聞きしたことがガラガラと崩れてしまいそうなくらい「?!」が詰まっている本だなあと思います。体調が悪かったら薬を飲んで治すって普通にしていたことだけど、それ以外にも方法があったなんて！　と、新大陸を見つけてしまったような気分です。

かなり前ですが、起き上がれないくらい生理痛がひどくて、いつもなら薬を飲んでいたところを、夫に頼んで、この本に書いてあったコンニャク湿布を作ってもらいました。コンニャクって食べるコンニャクですよ。ざっくりいうと、コンニャクをお鍋であたためて、お腹にのせるんです。そうすると、今まで体験したことのない感覚を味わったのです。薬で治すのとは違う、涙が出そうなくらい優しいあたたかさと治癒に包まれたのです。大袈裟じゃなく、本当にです。体だけではない、心から治癒されたというのか。体の不具合は体だけの問題じゃないのかもと、腑《ふ》に落ちた体験です。

それからは何か不調があるごとに、ページをめくって出来そうなことなら試してみる。実験みたいに、魔女にでもなった気分で。

○ 自然の力

夫がちょっとした火傷《やけど》をしてしまったとき、近所からツワブキの葉っぱをとってきて、あぶってやわらかくした葉をテープで患部に貼ってみました。水膨《みずぶく》れになりそうって思っていたのに、朝治療して、夜にはうっすらとした赤みがあるだけ。とても感動しました。

湯たんぽ

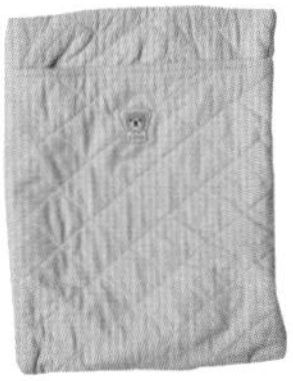
湯たんぽカバー

○ **あったかアイテム**

冷えとりには、湯たんぽは必須。じんわりとしたあたたかさは体の芯からポカポカします。湯たんぽカバーは手作りです。

50 心をあたためる

心とカラダはつながっている、と思えたのが数年続けていた冷えとり健康法のおかげでした。靴下を重ねて健康になれるのかと最初は疑問でしたが、直感でなんとなくよさそうと思ったので実践してみたのでした。

　これが本当によかった。健康って体だけの話じゃないことに気付かせてもらえたからです。靴下をたくさん履くことは生まれてはじめてだったので、とても足元に違和感があって、だからこそ足元に気がまわるようになりました。

　足元に気をまわすということは、自分自身に意識を向けるということ。これがすごく新鮮で、それまでは外から入ってくる情報ばかり気になっていたけれど、自分の内側にも意識が向かうようになりました。思っていた以上に周りの目を気にしていたことにも気付きました。自分を置き去りにしていたのだろうなあと今となっては思います。

　淡々と数年間冷えとりを続けていて急激に何かが変わったということはなかったけれど、足元をあたためることで心は健やかに穏やかになっていきました。体の心地よい状態というのは心の心地よさとつながっているからだと思います。心地よさ、リラックス感、ゆるみ、を感じることが、自分をいたわることでもあり、心をあたためることなのだろうなと。

　気が付くと冷え性は治っていて（家族からは氷の指先と言われていた）、花粉症も軽くなっていました。さらに今まで絶対出来なかった腹八分目が可能になったこと。なぜなら、お腹いっぱいになると苦しいということが自覚出来るようになったから。え?!　という話ですが、自分の体を気遣えるようになったのです。

　とにかく、私が実践した冷えとり健康法は心を癒すことでした。冷えた心をあたためて、心健やかになることで本当の意味で体も癒されたのです。

51 ノートは鏡

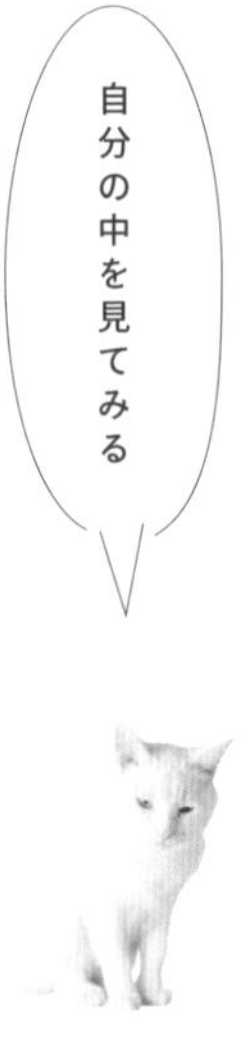

このノートはまさしく私自身。私の反映とでもいうのか、鏡のようなな。自分の顔だって鏡がないと見ることが出来ないのと一緒で、ノートに書き出すことでしっかりと自分の心を見ることが出来ます。そして確認出来る。

やりたいこと、仕事のメモ、ただの落書き、DIYの計画、思いのままになんでもかんでもとにかく書き出す。いつでも自由に。それは、「いつでも自由になんでも出来るんだよ」という、自分が持っている可能性として覚えておきたいのです。

52 優しさが詰まっている本・3選

1

『あたらしい自分になる本』（服部みれい・アスペクト）たくさんの知らないことを教えてもらった。何度読んだか分からない。不思議な話も大好きで、この世は広くて美しいんだ〜って心がポカポカとなる。

2

『おうちで楽しむにほんの行事』（広田千悦子・技術評論社）日本の美しい四季への敬意を感じる、優しいイラストの説明がいっぱいで、子どもの頃からこんな本が大好き。『だるまちゃんとうさぎちゃん』（加古里子・福音館書店）の絵本のような楽しさ。

3

『カラダを整えるやさしいヨガプログラム』（近藤真由美監修・朝日新聞出版）ヨガをしているモデルさんが美しくて好みだったので（笑）。筋肉と骨のイラストで解説されている、効きドコロ！　という図解がよい。ほぉ〜ってなる。自分でも感じてみる。

第5章 モノモノ

好きなモノに
囲まれて暮らす幸せ。
大切に集めたモノが
輝いて見えると
どんな日でも気分上々。

53

カゴと琺瑯に惹かれる理由

自然と集まっていたもの代表がカゴと琺瑯です。カゴは編み目の美しさ・自然の持つゆらぎが好きで、お店などで素敵なカゴと目が合うとすごく欲しくなってしまう。少しの歪みまでも可愛く見える、そんなおおらかさがカゴにはあって、毎日の生活の中で空気をゆるめてくれる存在じゃないかなあと思っています。

　琺瑯は持っているものは白色ばかりです。たまに色ものもあり。なんといってもあの清潔感。艶《つや》っとした質感から漂うオーラがたまりません。衝撃に弱いという弱点も大目に見たくなるほど。なぜだか自分まで清潔になったような気分にさせてもらえます。

○ カゴの役割

用途を考えずに買うことが多いのがカゴの特徴でしょうか。しかし必ずハマり役が見つかるのが不思議です。写真のカゴもそれぞれに活躍してくれています。

54
日本と北欧の日用品

好きな日用品、北欧のもの。
①②はアラビアの同じシリーズ、ずっしりと重みがあって安定感があります。どちらも収納アイテムとして使用。ボウルの中身は箸置きです。③はアラビアの古いカップ&ソーサー。小さなサイズが可愛いです。④のIKEAのデスクライトは地味な色が気に入って。⑤は長年愛用のマリメッコのクッションカバー。四隅が擦り切れたけど、補修してしつこく使っています。⑥はリサ・ラーソンの犬の置物、友人からの大切な贈り物です。

1 アラビアのミルクピッチャー

2 アラビアのボウル

3 アラビアのデミタスカップ

4 IKEAのデスクライト

5 マリメッコのクッション

6 リサ・ラーソンのブルドッグ

続きましては、日本のもの。
⑦は「峠の釜めし」が入っていた、益子《ましこ》焼の釜。色と質感が好きです。猫の飲み水用の容器として活躍。⑧は伊勢神宮の木で作られている干支守《えとまもり》。⑨の柳宗理《やなぎそうり》のやかんはフォルムの美しさが好みです。⑩のなつめ土瓶は洗いづらいけど、見た目が可愛いので許す。⑪は輪島塗のお椀、長井均《ながいひとし》さんの器です。漆器の質感や使うときの音が心地よい。⑫は飛騨春慶のお箸で、飛騨高山のお店で購入。

7

峠の釜めしの益子焼の釜

8
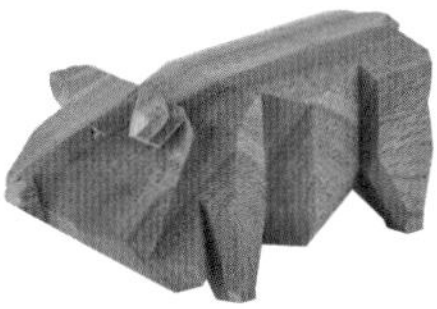
伊勢神宮の干支守

9

柳宗理のやかん

10

伊万里陶苑のなつめ土瓶

11

輪島塗のお椀

12

飛騨春慶の塗り箸

55 製菓用品の思い出

実家では誕生日ケーキやクリスマスケーキをいつも母が作ってくれていました。さらに、学校から帰ってきて手作りのお菓子がある日はすごくうれしかったこと、今でもすごく印象に残っています。それだけ手作りのお菓子って特別感があります。そして冷蔵庫の上にあった、製菓用品入れ。たしかタッパーウェア製の大きなタッパーでした。その中を覗くのが好きで、年々少しずつ道具が増えているのも知っていました。

それに比べるとわが家の製菓用品は少ないけれど、このくらいあればスポンジケーキやパウンドケーキが作れる。私は作ったことがないけれど（夫が作る）、シフォンケーキも！　キッチンの戸棚にある製菓用品コーナーはちょっとしたお気に入りコーナーです。あるだけで実家での美味しくうれしい思い出がよみがえります。

第5章

モノモノ

56／旅先で出合う 集める

旅というのはどうしてこんなにも人を惹きつけるのでしょう。自分が興味のある土地へ足を運ぶ。旅先のセレクトにはその人の「今」があらわれる気がして面白いです。

そんな、そのときごとの旅で出合ったものが暮らしの中に少しずつ集まってくることで、家を、日常を、その人らしい味わい深いものにしてくれるような気がします。

旅先で偶然出合うものは、その土地の気候や文化などの背景が感じられ、興味深くて大好きです。［①馬／②ペン立て／⑥なまはげ／⑦お猪口］

しかしながら、たまにそうじゃないグッズにも出合うのですが、それもまた面白がって買って帰ったりもします（全国共通のお土産、あったりしますよね）。［④ほうき／⑤箸置き］そのときその場所で出合ったことを記念して。さらに不思議とそのとき必要だと思っていた生活道具に出合うことだってあります。［④ちりとり］

そしてたまには石なんて拾ってきたり。［③石］山が終わってすぐ海、という地形の海岸の石で、波に洗われてスベスベです。波打ち際の音がカラコロ〜ってなんとも可愛い石の音でした。

そんなこんなで、少しずつ家に不思議なものが入りこんだりするわけですが、その土地で出合ったそのときのよろこびが暮らしに豊かさを与えてくれているなあと思います。

新潟県

1

富山県

2

新潟県

3

富山県・三重県

4

長野県

5

秋田県

6

青森県

7

1. すげ細工の馬 ―― 妙高《みょうこう》・道の駅「あらい」
2. 八尾《やつお》和紙のペン立て ―― 富山市八尾町の「桂樹舎」
3. 親不知《おやしらず》海岸の石 ―― 栂《つが》海《み》新道《しんどう》の登山口
4. ほうきとちりとり ―― ほうきは五箇山、ちりとりは伊
5. つげ細工の箸置き ―― 白骨《しらほね》温泉のお土産屋さん
6. なまはげ ―― なまはげ館の近くの売店
7. 十和田ホテルのお猪口 ―― 十和田ホテルの売店

工房アイザワのスプーン。持ち手のツルが長年の使用でとれてしまったので山で拾った何かのツルで補修しました。

↑ 椅子の座面

カイ・クリスチャンセンの北欧の古い椅子。革張りの座面が裂けてしまい、座面くらいなら張りなおせるのでは？　と。ホームセンタームサシにて、せめてもと高級な革を入手しリペアしました。

↑ カーテン

猫が子猫だったときに、カーテンによじ登り（子猫あるある）、引き裂いていただきました。マリメッコのお気に入りの布だったので勿体なくて、裏側から手縫いでなんとなくつなぎ合わせました。

57 補修と愛着

大切にしているものが壊れてしまったとき、やってしまった～、といういたたまれない気持ちになるものです。さらにもう手に入らないものだったりしたら焦ります。

しかしこれだけものに囲まれて暮らしていると日々使っているうちに壊れてしまうものが出てきてもしょうがない。そこで、わが家では補修出来そうなものは下手でもいいから補修して使おう、というモットーのもと、今までちょこちょこ補修したものが家中にあります。

どれも素人クオリティですが、そこはご愛嬌《あいきょう》ということで。いや、逆に愛着が以前にも増す、ということも実感済みなのです。人間と一緒で歳を重ねるごとにいろんな傷がついたりします。体でも心でも。それがその人らしさになっていくみたいに、より深みが増すような感じです。

古い器

もともと持っていた器と同じタイプのものを、旅行先のお店のジャンク品コーナーで発見。欠けていたので、自前の金継ぎ（簡易）で修復しました。2枚目がやってきてうれしい。

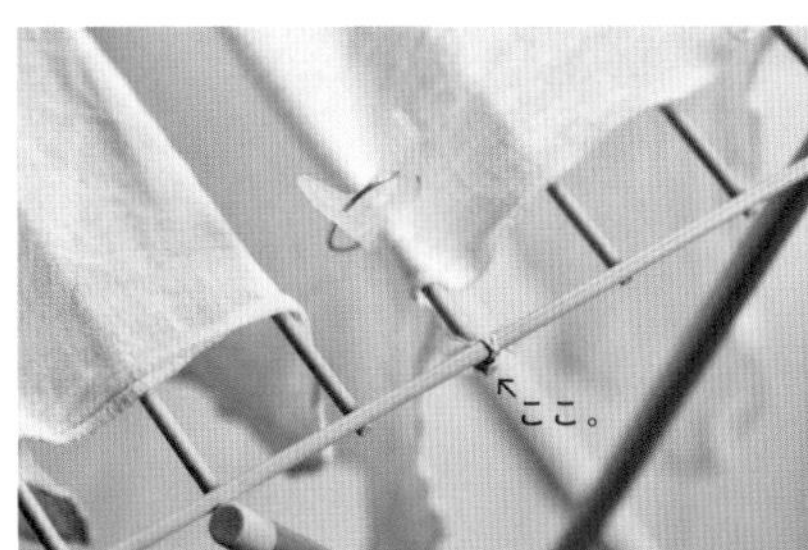

物干し

布巾用に愛用している無印良品の物干し。竿の溶接部分が一か所外れてしまい、夫が紐で結んで補修してくれました。どうやってつなげたんだろう。

新調した小さな片手鍋。先代の取手が外れたときはこの新しい片手鍋がくるまでの間、無理やり取手をくっつけたりしてしのいでいました。

58／新調するよろこび

あたらしい道具を使いはじめるときの高揚感。使い心地を確かめる時間はピカピカの道具にはじめましての挨拶をするようでいつも幸せを感じるひとときです。

台所道具はものの中で一番好きな部類なので、新調するときはかなり吟味してから購入します。間に合わせでは台所道具を買えない頑固な性格でして、納得出来るものが見つかるまで多少不便でも、壊れたまま使うとか他の道具で代用するなど日常茶飯事です（夫は迷惑そう）。

そんなわけで道具を手に入れたときのよろこびは、満足感からなのか、不便から解き放たれたからなのか、いつも切実にそのよろこびを味わい尽くしたい気分になるのです。

長年愛用している、野田琺瑯の製品もアマゾンで買い足しました。

59 モノの買いかた

普段からネットショップは大好きで、よく使うほうかな、と思います。その中でもアマゾンはプライム会員にもなっているので、年中お世話になっています。

そして、私の大好きなジャンルの台所用品も最近ではアマゾンで買うこともしばしば。しかし台所用品は衣類などと違って、一度買うとなかなかへたらないので何年も何十年も付き合うことになるため、出来るだけコンタクトはとっておきたい。そんなわけでまずはショップに出向いて楽しみながら買います。そうして使っていくうちに買い足したくなったとき、いよいよアマゾンさんの登場。家にいながらにして翌日配達してもらえるだなんて夢のような話。

60 お助け家電

それほど家電は持っていませんし、かなり疎《うと》いほうだと思います。しかし自分が快適になるならよろこんで取り入れたいもの。最近は本当に便利すぎて驚きます。電力にはいつも感謝していますし、もちろん家電を開発してくれた方々にも。

家電を選ぶときは、機能はほぼ眼中になく選んでしまいます。私は変人なのでしょうか。夫はいろんなスペックを様々に比較検討してくれるのですが、見た目が我慢出来なければ落選。私としては機能は日本の家電なら最低ラインは保っているだろうという勝手な信頼があるからなのです。

というわけで、最高のスペックを持っていなくても家電は家電。いつも私の暮らしを楽にしてくれる有り難い存在に今日もまた感謝を！

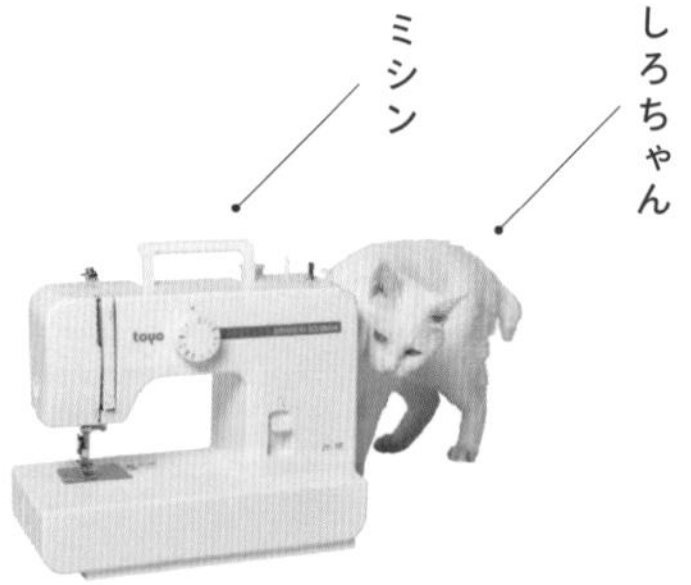

かなりマイナーかと思われるtoyoのミシン。たしかアマゾンで1万円くらいだった。パワーはそんなにないですが、洋服をたくさん作らせてもらっています。

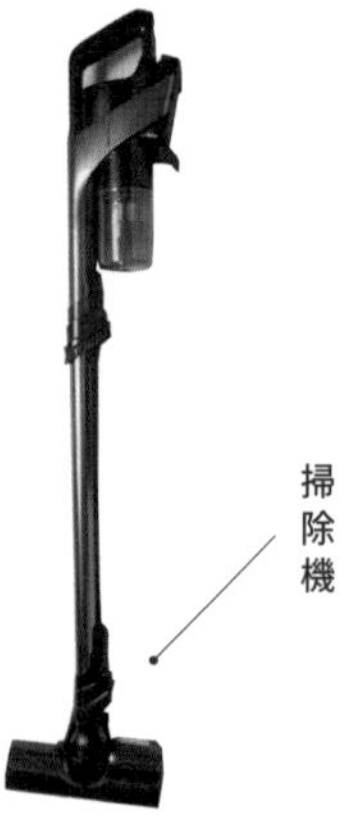

SHARPの充電式掃除機は主に寝室用（寝室だけ絨毯《じゅうたん》なので）。数年前に買い替えたとき、このコードレスの楽さを思い知ったのでした。

電子レンジを持たない理由

microwave oven?

台所にガスオーブンが備え付けられていたため、持っていた電子レンジは手放しました。ないこと前提で料理しているとそれが普通になるものです。しかも蒸したり、茹でたりする時間に他のことが出来る。

除湿機

Panasonicの除湿機は洗濯物の乾燥用に浴室で使っています。雨の日や冬など、洗濯機の乾燥機能に入れられないものを乾かす。まさにお助け。

くろちゃん

トースター

ビタントニオのトースターは旧タイプのものです。業務用っぽい見た目に惚れて。パワーも機能もなかなかイケてると思っています。

布団乾燥機

こんなに使うようになるとは。毎日稼働してくれているSHARPの乾燥機。古いものです。主に布団乾燥で使っています。

第6章　家事時間

家事ほど自由なものはない。
下手でも上手でも
自分なりに楽しむ。
ポイントは日常に馴染《なじ》むように
コツコツと作りあげていくこと。

61／家事について思うこと

自然に無理なく家事をこなすこと、それが私にとっての最大のテーマです。しかし、どんなことも自然であればあるほど急には完成しない気がする。もどかしいけれど。

　1日どれくらいの家事をこなすのが自分にとって負荷がかからないのか？　自分と相性がいいのはどんな仕組みか？　ということを試してみては定着したりしなかったり。

　今の地点が完成ではないけれど、長年定着しているものは、私にとって自然に出来ている家事だということです。もちろん、状況や環境が変われば自分に合わなくなる家事も出てきて当たり前。そこをうまくキャッチ出来るようになりたいですし、毎日の家事はその練習なのだと思っています。上手に出来るか出来ないかよりも、自分に合っているか合っていないか、を大切にしたいです。

○ 自然としてしまう工夫

毎朝のキッチンのお掃除は前日に使った布巾（その後、布巾を漂白する）。そして私がしたいことの本命は、実は布巾漂白。その漂白前のついでお掃除だと思っているからか、最後の一拭きの精神だからか、自然とキッチンのお掃除が出来ています。

○ 定着しなかった家事

実はかなり昔、寝室をほうきで毎朝掃除しようとしていました。寝室は絨毯なので、やはり掃除機の方が楽だと思ってからは取り止め。毎朝はコロコロで簡単に済ませ、週末に掃除機でお掃除しています。

62 家事のリマインダー

私は気付いたのです（そんな大したことではないのですが）。家事はどんなに時間があっても、気分がのらなければ実行が難しいということに。

気分って本当に大切だし重要だなあと思います。つまり、そのとき思いついて、「後で」あの家事をしようと思っていたとしても、「後で」のときにはきれいさっぱり忘れてしまっている確率が高い。もし覚えていたとしても、そのときにはすでに熱が冷めていて、「もうしなくてもいっか」という気分になっているのです。

そこで自然と定着していったのがリマインダー機能のように自分にお知らせしてくれる仕組みです。お知らせ方法は「目に見える」というだけの極めて単純なこと。ほんの少し準備されているというイメージでしょうか。消えかかっているろうそくの灯火のようなヤル気を、再び燃え上がらせてくれる。私はタスクを終わらせたい症のようでして、待機中みたいな見た目の景色に重い腰が上がる、動く、というわけです。

こんな変な家事の方法でも自分に定着したならば結果オーライ！　ですよね?!

寝具洗濯の準備

朝家事終了後が寝具を洗うとき。しかし朝家事終了後だとやる気が消滅しているので、朝の寝室リセットのタイミングで寝具を外して、部屋の隅にドサッと置いておく。後で思い出しても洗濯機に持っていくだけなので、それくらいなら頑張れる。

1 —— reminder

フィルター掃除の準備

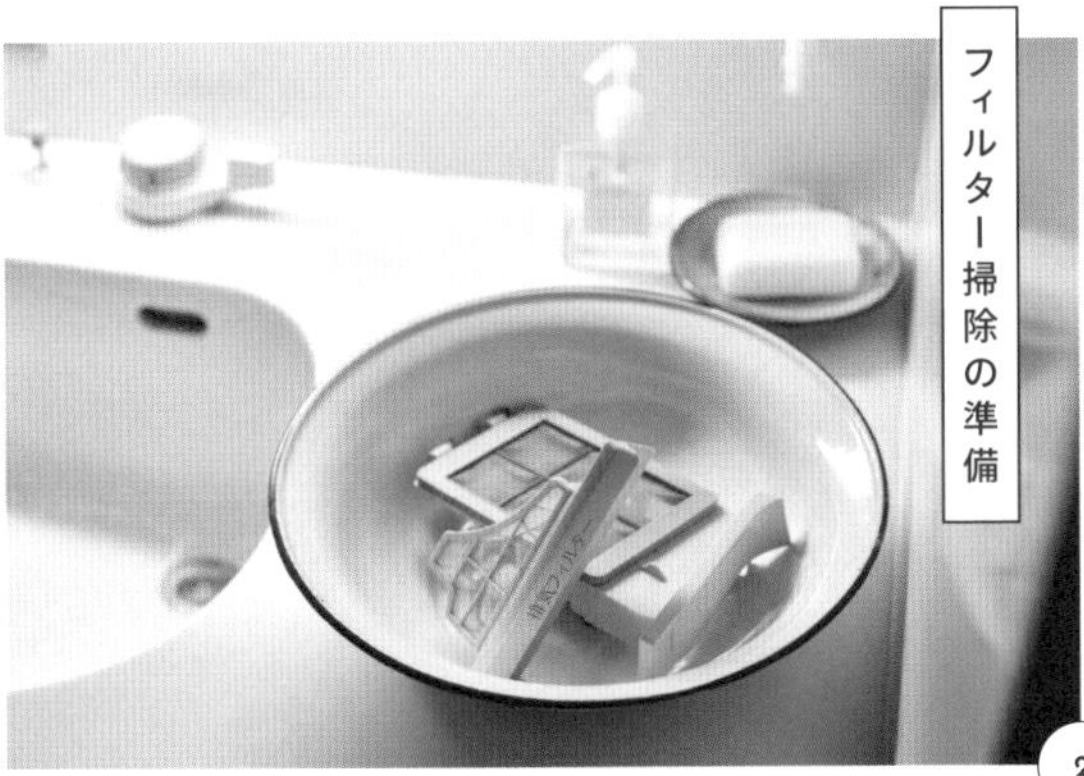

洗濯機の乾燥機能を使うたびにフィルターの埃を取るのですが、乾燥が終わって洗濯物を取り出すタイミングでフィルターも外しておきたい（忘れるから）。しかし今は埃をとる気力がない……という場合に、別の用事で洗面所を訪れたとき、ついでに出来るように準備しておく。

2 —— reminder

新聞ゴミ袋の準備

新聞ゴミ袋のストックが残り1つになったら、ゴミ袋作りの合図。クローゼットから新聞を取り出して、とりあえず何もないダイニングテーブルにポンと放置しておく。後で見たときに思い出して体が勝手にゴミ袋を作りだす。

3 —— reminder

63 ちりつも家事の仕組み

家事で一番好きなところは、工夫しようと思ったら自由にしていいってことです。しかも自分の性格や暮らしに合わせて。つまり、さぼったっていいし真面目にやったっていいし、自分自身に委《ゆだ》ねられているのがいい。どんな小さなことでも、自分で考えた、もしくは誰かの真似をしてみたことで、家事がスムーズに負担なく出来るようになることが私にとっては快感。それが誰かの評価じゃなく、自分の中での出来事なので余計に気持ちいいのかもしれない。

だから、すぐに変化が分からないようなそんな小さなこと！　という工夫でも、家事の中に仕込むことを地味にしています。わずか1ミリくらいのことでも、後々その小さな積み重ねが効いてくるのだと思って。ちょっとモノの位置を変えたら乱れなくなったとか、その程度のことです。そんな少しのことが日常の景色を変えていくという、よろこびのちりつもです。

気合いを入れずに…

玄関は1日ではそんなに汚れません（わが家の場合）。けれど、あえて毎日する方がそれほど汚れていないので、掃除するぞ！ なんて気合いを入れる必要なく行えます。というわけで、ほとんどゴミが取れなくてもほうきとちりとりを毎朝サッサカ動かしています。

靴箱の中に新聞紙で作ったゴミ袋を待機させて玄関のちりはそのゴミ袋へ一旦捨てています。一連の流れがスムーズに行えると気持ちがいいです。

○ 目線より上に

玄関の高い位置にカゴを吊り下げて、この中に軽い資源ゴミ（缶やペットボトル）を一時置きしています。中身が見えないので、毎日すっきり気分。

○ 使い終わりの場所に

トイレ掃除用のほうきとちりとりは、トイレ掃除で出たゴミを集める場所の近くに。使い終わるとすぐ元に戻せるので快適です。

億劫さをとりはらう

寝具お洗濯の億劫《おっくう》さはなんといっても付け外しだと思います。毎週お洗濯しようと考えたとき、一番高くそびえたっていた壁がこれです。しかし必ず簡単な方法があるはずだとネット検索してみると、楽な取り付けかたを発見。

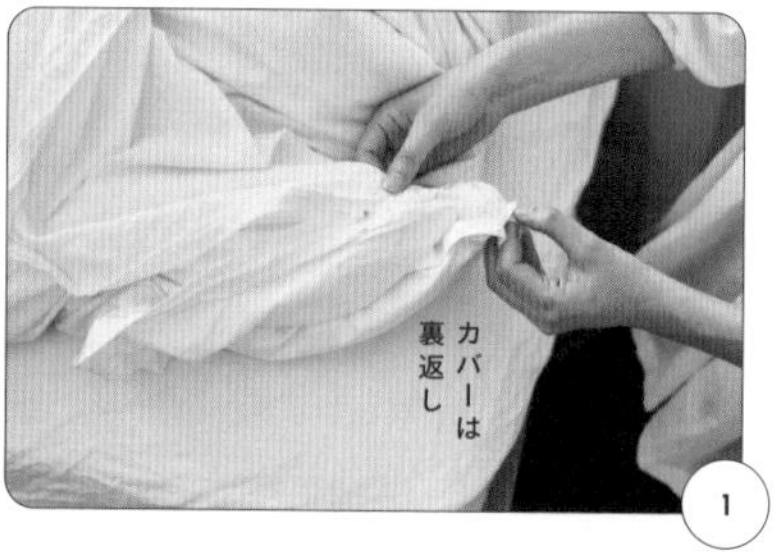

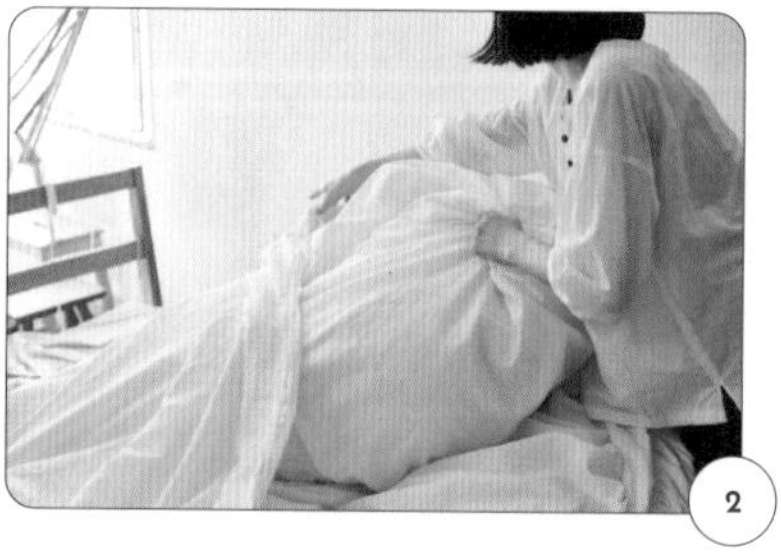

寝具カバーの楽な取り付けかた

①カバーは裏返して、掛け布団の上に置く。裏返したままファスナー部分の真ん中以外を全て固定する。
②布団とカバーの間に手を入れて、カバーの表裏をひっくり返す（洋服を裏返すようなイメージ）。最後にファスナー部分の真ん中も固定して、完了。ファスナーを閉じる。

毎日したいから

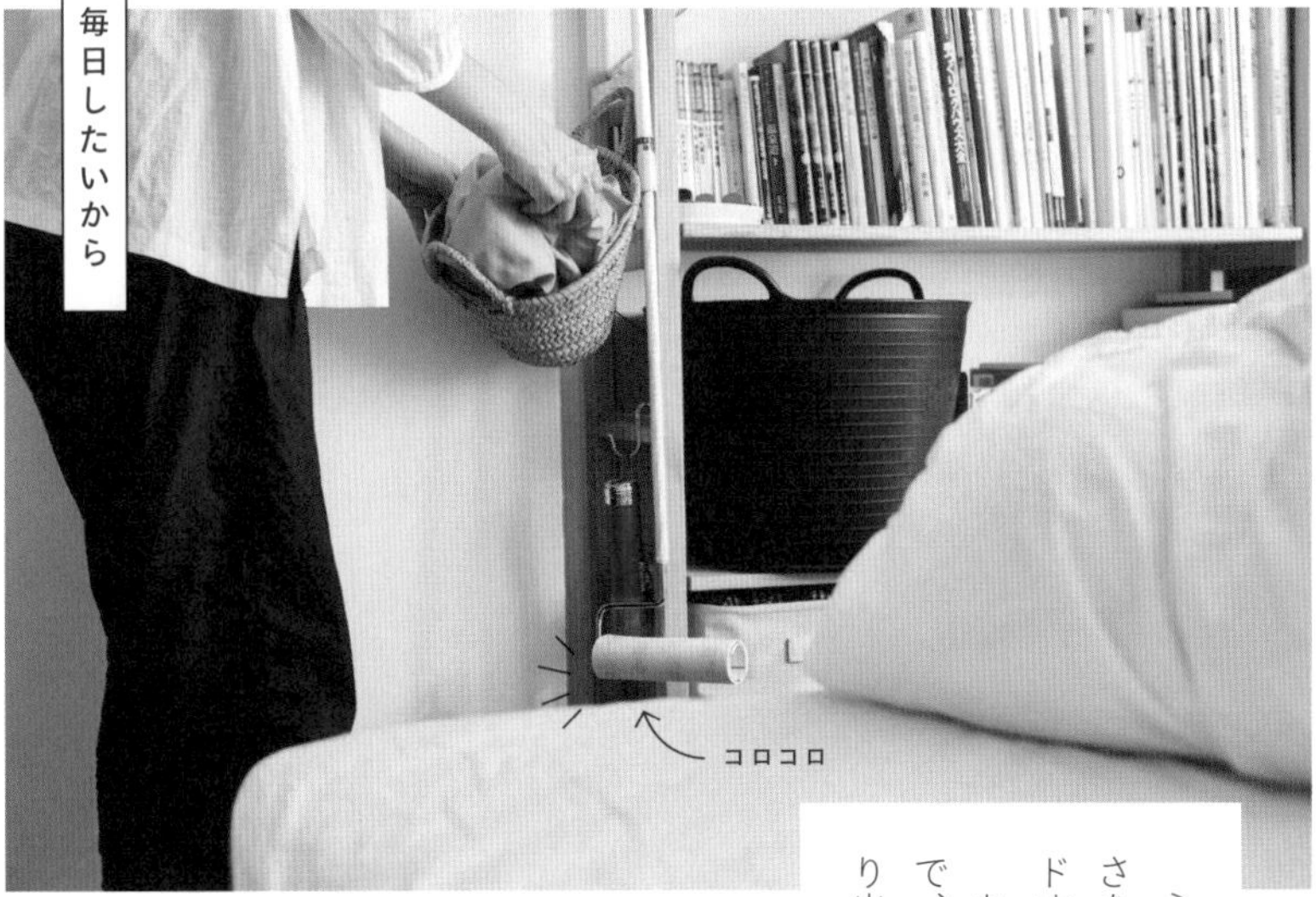

心地よい眠りのために毎日行っている布団乾燥。少しでも面倒さを省くために、使ったあとの乾燥マットは本体に収納せず、ベッドすぐ横のカゴに乱雑に丸めてポイ。取り出しも楽々。

ちなみに布団乾燥は寝具のコロコロお掃除後にセットするので、カゴの脇をコロコロの定位置にして、乾燥マットをすぐに取り出せるように。ワンツーの動きで流れよく。

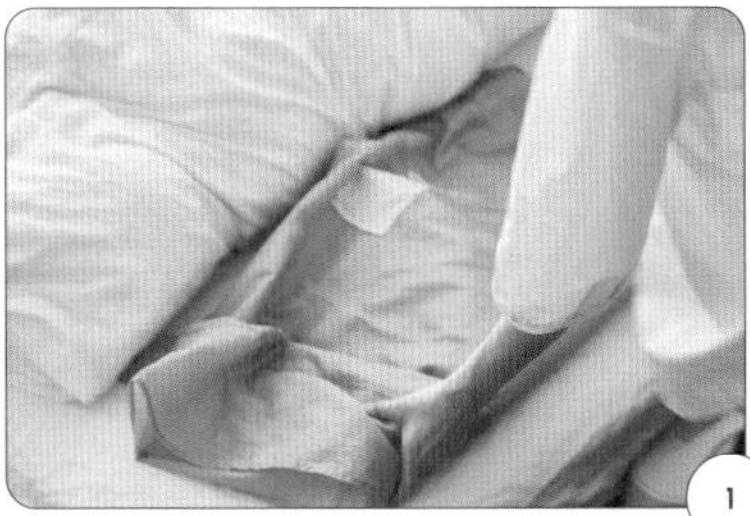

1

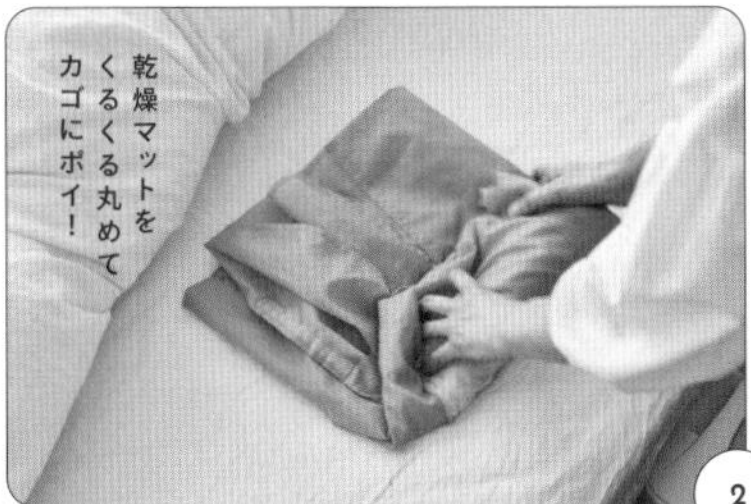

2

やることを簡単にシンプルに

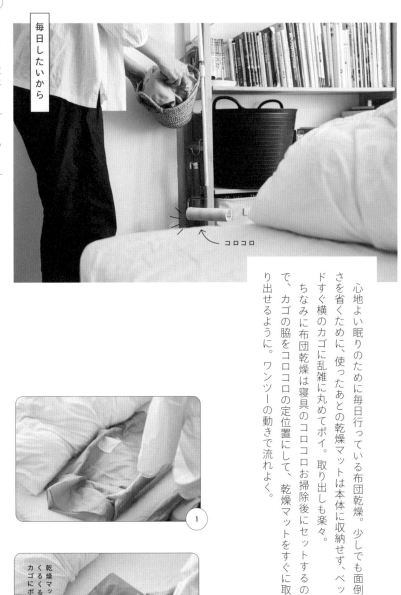

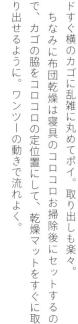

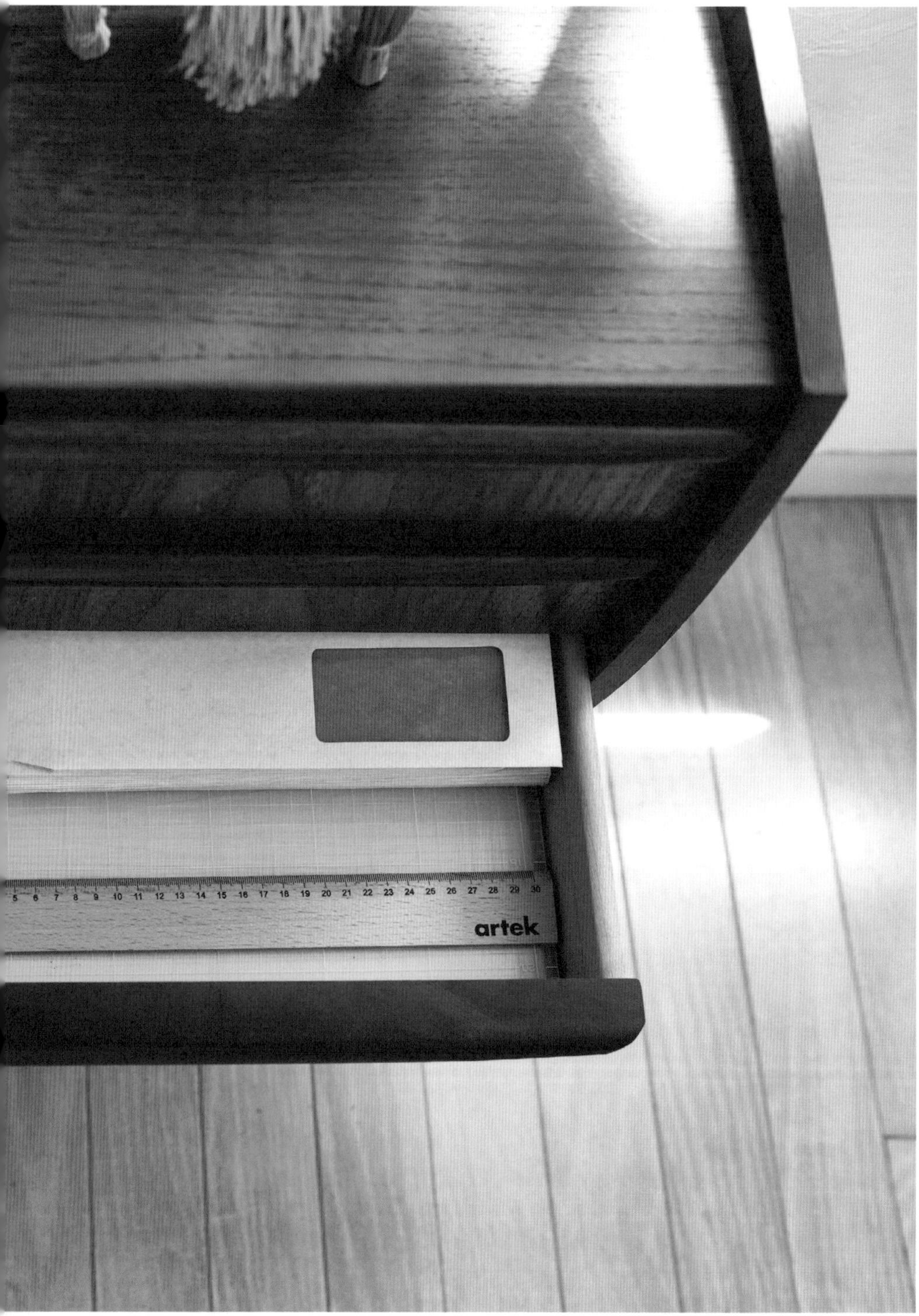
5 6 7 8 9 10 11 12 13 14 15 16 17 18 19 20 21 22 23 24 25 26 27 28 29 30
artek

第7章 収納アイデア

それぞれに持ち場あり。
もののありかを整えると
自分の心まで快適になる。
心ゆくまでぴったりの場所を
探し続ける。

64 収納アイデアの見つけかた

収納は森のように奥が深い。歩くほどにいろんな発見と出合えたりする。そして森に隠された自分だけの秘密の場所が収納だとしたら、そこを見にいくたびにうれしくなったり、気分がよくなるような場所にしておきたいと思う。見るたびに、使うたびに、自分を満足させてあげられるような収納。

そんな小さな満足感が、日常の中に少しずつあるとして、それが日々繰り返されていく。それってきっと良いことを運んできてくれそうな気がするのです。しかし実際は開拓途中や未開拓の収納場所だっていっぱいあります。それでも、まだまだ足を踏み込める場所があるってことが、私にはうれしいことなのですが。

収納を考えるときに参考にすることが多いのはなんといってもお店のディスプレイ。どんなジャンルでもいいのですが、素敵なお店の陳列ってうっとりします。商品が見やすく選びやすくなっていると心わき立ちます。

中でも、無印良品は商品数が多いからこそ参考になります。ちょっと良いものを置いているスーパーなども陳列に気合いが入っているので、野菜の見せかたでも、なるほどなあと感心することがあります（アスパラを木箱に立てて、箱の上のところだけ格子で仕切りをつくり秩序を保っていた、とか）。

なんでも見れば見るほど発見があってウキウキします。そして今はインターネットで多くの画像を見ることが簡単なので、そちらも活用。私はピンタレストというアプリで海外インテリアの収納画像を収集して、アイデアとして保存しています。すごく便利！

○ ディスプレイへの憧れ

乾物色々は、同じサイズの瓶に入れて見やすく。無印良品の食品陳列の棚は、かなり上のほうだと商品ではなくディスプレイになっていて、このような瓶に様々なお菓子などが入れられた楽しい風景になっていました。それをヒントに、わが家の乾物収納も瓶に。同じサイズのものが並んでいる姿がどうも好きなようです。

65 収納用品の存在感

収納用品は収納場所での、ザ・主役。案外あなどれない存在です。その存在だけで、雰囲気が全然変わってきます。

収納用品を選ぶときは、その収納場所の雰囲気にマッチしているか？や、収納するものに合わせた素材をセレクトしたりします。

例えば「資材とか補修用品だから、無骨《ぶこつ》な素材の容《い》れ物が似合うよね」とか「野菜は木箱が似合うよね」みたいに。ちょっとした自作自演みたいな気分が入っていると思います。きっと子どもの頃、ごっこ遊びが好きだったからその延長なのかも。なんでも楽しみたい、遊びたいのです。

琺瑯のバット

ホームセンターで買った大きな琺瑯バットをキッチンの備品収納に。バットは俯瞰して見られるのがいいです。

アルミのバット

ホームセンターのキッチン用品コーナーで発見。業務用な雰囲気が漂うアルミ製品に資材などを収納。

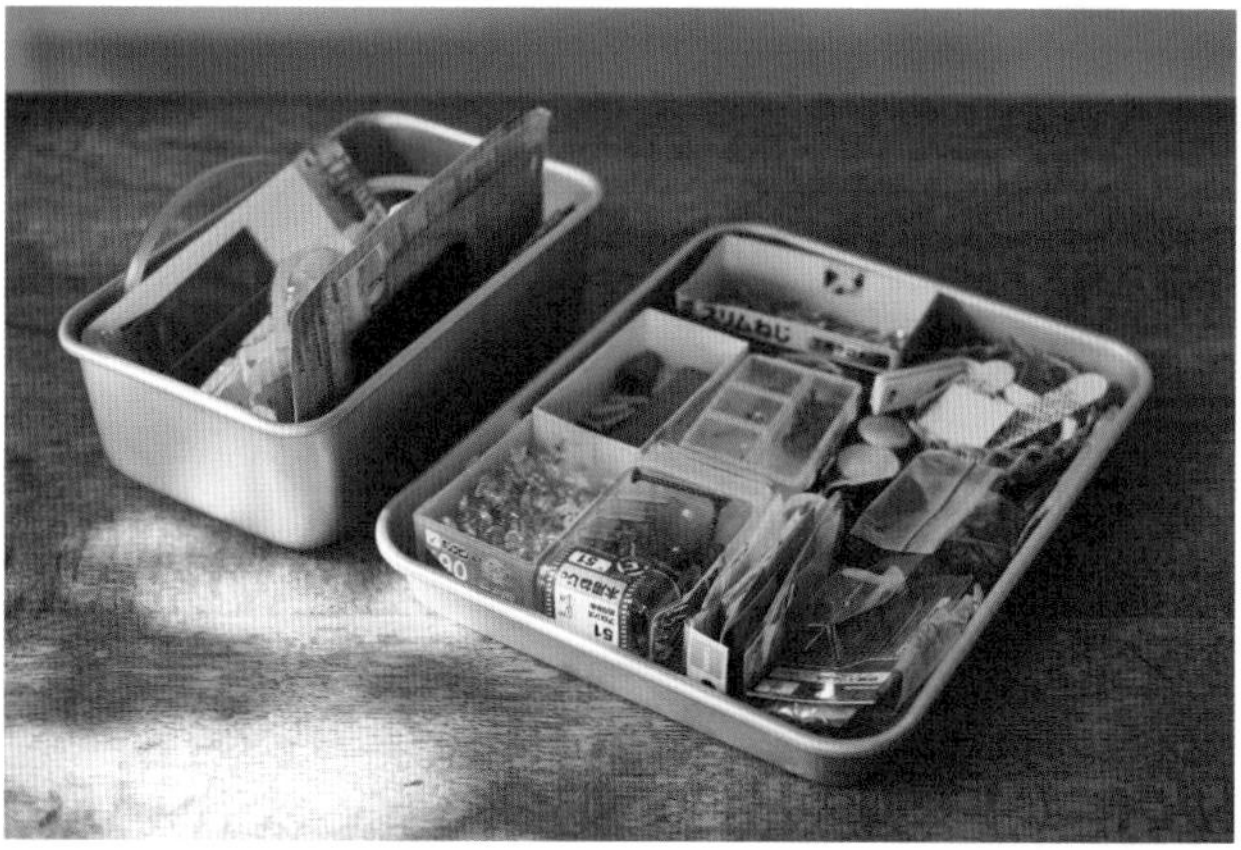

ワインの木箱

酒屋さんでお安く買った木箱には野菜を。通気性もあるし、根菜類にぴったり。ジャガイモには新聞紙と布の二重のカバー。

家中の収納探検！

○ 保存容器

お料理の保存容器はメーカーをある程度決めています。なぜなら収納したときに見た目が整うからです。これだけで収納上手になれたような気分に。ちょっとごちゃついても、大目に見られるのです。

○ 文房具

無印良品の木棚に組み込めるタイプの引き出しです。深さがあって、主に文房具を収納しています。これはそのひとつで、新品のペンストックや留める系や接着系などを板や木箱で仕切りを作って分類。秩序を保たせています。

open
山の食料

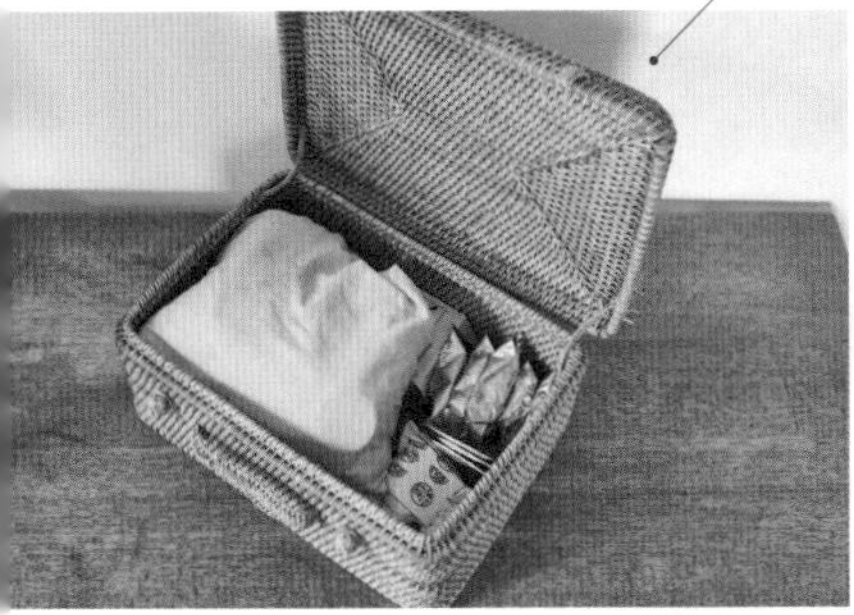

❸の中

open
山の食器類

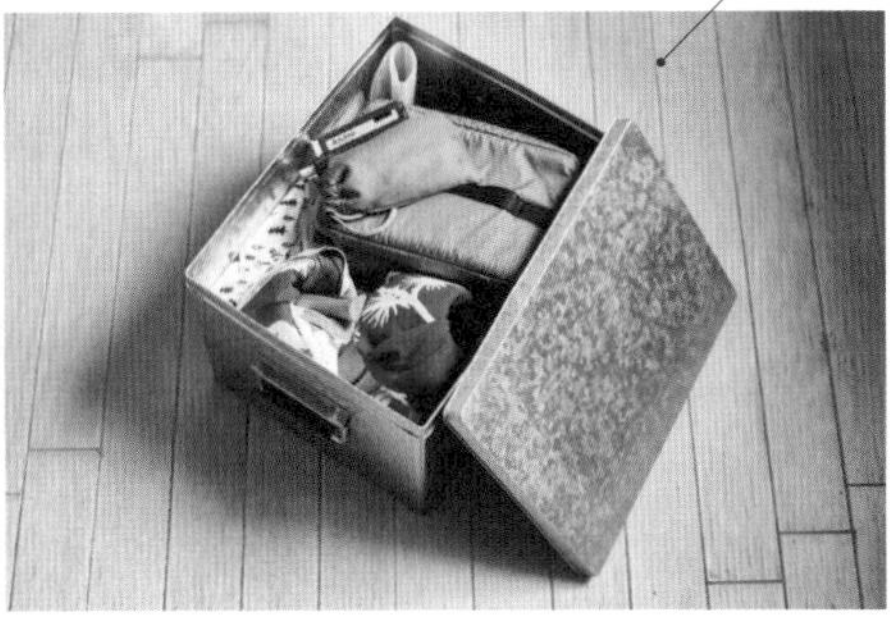

❻の中

○ 山道具の棚

無印良品のパイン材の棚に山道具のほとんどを収めています。山は忘れ物があると恐ろしいことになるので（以前、日帰り登山でバーナーとラーメンを持って行き、鍋を忘れるという失態を。お湯が沸かせない！）なるべく分かりやすい収納を心がけています。

❶IKEAのカゴにテントやバーナー類を ❷寝袋 ❸食料 ❹テント泊の時に使うグッズなど ❺レインウェアやポケッタブルのリュック ❻食器類 ❼ゼットライト（テントの中に敷くマット）❽水筒類 ❾山の靴は台を作ってその上に

66　カゴ収納の何がいいか

ポイポイと入れてもサマになる。カゴ収納はきっちりしすぎないという魅力があります。秩序のある収納も大好きですが、どこかに息抜きがあってもいいのかなあと。まあそれは私が個人的にカゴを使いたいだけなのですが。そして収納していますという空気が出にくいところも好きなのです。いわゆるの収納用品じゃないもののいいところ。

カゴ自体がオブジェ的な役割も果たしてくれていそうだし、目に入るたびに心潤います。

にんにくは、すぐ使えるようにキッチンのカウンターに常備。青森県の商店で買ったあけびのカゴに入れています。

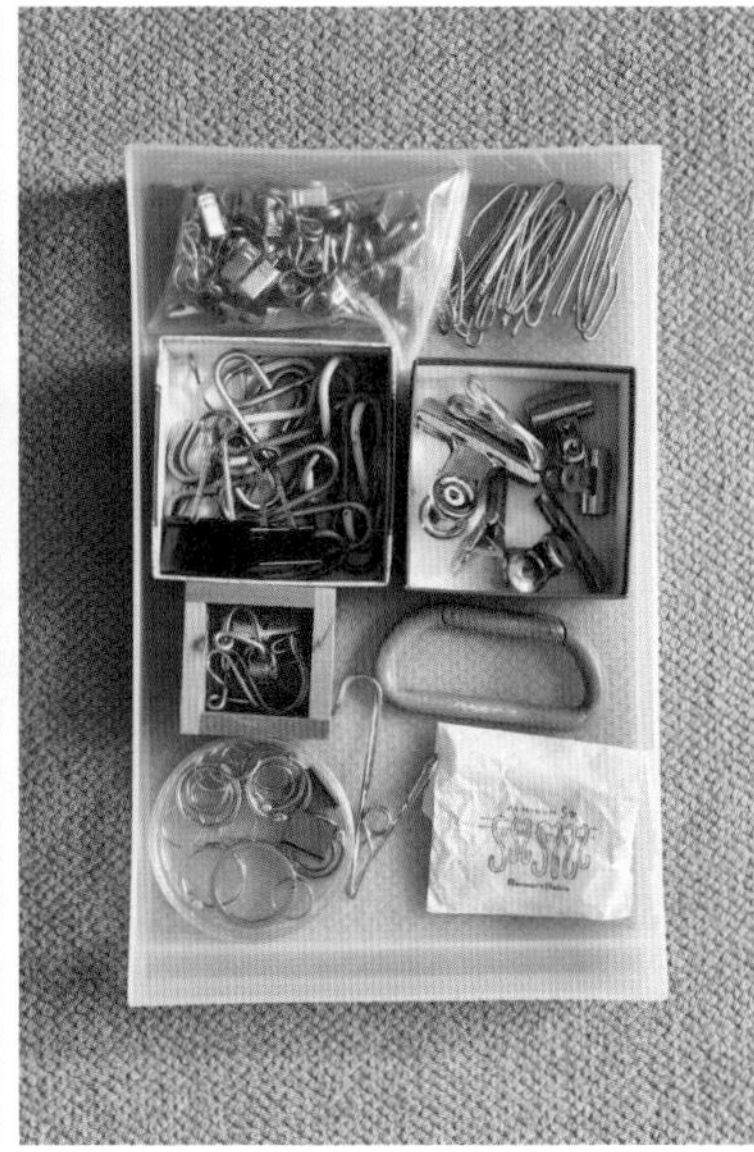

67 無印収納

わが家の唯一の収納スペースは寝室のクローゼットです。衣類をかけている下のスペースに無印良品の引き出しをパズルのように組み合わせ、そこに家中のあらゆるジャンルの細かいものを一括して収めています。
　収納スペースが少ないことは、デメリットのようでしかし、そこに収納するしかないので、ものが迷子になりにくいというメリットも。どんなことでも、いろんな面があるから面白いものです。

引き出しの数が多く、どこに何が入っているのかパッと分からないため（そして覚えていられない）、引き出しの住所を扉に貼っています。クリアファイルに入れて、書き換えが楽なように。

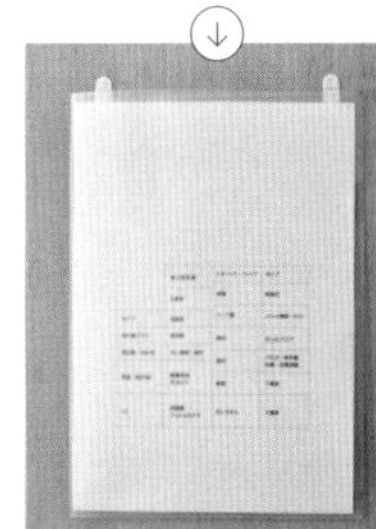

68 収納を工夫する楽しみ

快適さをもとめて、家の中の収納を年中何かしら動かしたり更新したり。ああでもない、こうでもないと試行錯誤するとき、この先にまだ見ぬ快適さが待っているかと思うと自分の中で静かに熱〜く燃え上がるものを感じてしまいます。これぞ情熱の源?

どんなに小さなことでもいいのです。ほんのちょっとの快適さが積み重なると、ますます良くなっていくしかない。この循環が本当に最高です。

○ キッチンツール

台所のキッチンツール入れにはIKEAの大きなガラスの花器を愛用。中でツールたちが混沌としないようにコップを入れて仕切り代わりに。瞬発力を要する台所においてこの地味な快適さは大切です。

69／玄関に何を置きたい？

靴箱の中での靴の肩身の狭さが際立っています。本来は靴が主役なわけですが、履くものだけを残してみるとこんなふうになりました（夫婦二人分）。

　そのほかのスペースは工具や資材といった家のメンテナンスのための道具などを主に収納しています。靴箱というよりは、生活道具箱という内容ですかね。お洒落よりもDIYに嗜好《しこう》が偏《かたよ》っている証拠です。

　ちなみに靴のスペースは、空間を有効に使いたくて手作り棚で段数を増やしました。

第8章　自然と親しむ

いつでも分けへだてなく
そこにあるもの。
優しさ、美しさ、厳しさ。
ありのままの時が流れている。

70 / 自然のリズムで自分リセット

いつの間にか暮らしのスピードが加速している。便利な世の中のおかげで、昔なら数日かけて行く場所へ1日で行って帰ってこられたり。パソコンで欲しいものを注文して、翌日届いたり。すぐに願いが叶うって素晴らしいことです。

しかしながらその反動なのか、体も心も休まる時間が少ないなあとも感じます。わが家では8年ほど市民農園を借りて家庭菜園をしているのですが、週1回通うくらいがギリギリ。仕事を早めに終わらせて、日没前に駆け込んだりするのですが、1日パソコン作業をしていた体と頭はちょっとだるい。あ〜面倒だけど畑の様子も気になるしなあ、と気力をふりしぼって畑へ車を走らせるのです。

山間にある畑は家から10分ほどの場所。到着して車から降りたとたん、草の香りや虫の音《ね》、鳥の声、水の流れる音、一瞬にしてリズムが変わるのが分

かります。心落ち着くリズムが流れている。

畑に腰を下ろして、土の近くで草刈りや収穫をしていると、小さな虫がじっとしている姿や空を飛んでいく鳥、育てている野菜が先週よりも大きくなっていることに気付き、疲れていたはずなのに畑仕事で逆に元気になっている自分がいます。本当の意味で体も心も休むことが出来ているのです。

そんなとき思うのが、人それぞれ最適なリズムがあって、自然はそれを調律してくれているのだろうなあと。ほんの少しでも身近な自然の流れに身を委《ゆだ》ねることで、いつの間にか体も心もリセットされています。

71 山へ行く

山歩きが趣味ですが、いかんせん体力がないので持ち物はなるべく少なくしていきたいところ。

山で泊まるときは、テントに寝袋に食器やバーナー……。身軽さを大切にはしたいけれど、それなりの快適さも欲しいので、いつの間にか背中いっぱいの荷物に膨《ふく》れ上がるんですよね。いつも悩ましいところです。

ちなみに山用品はこの棚ひとつに収まる量で落ち着きました（ホッ）。自分なりにかなり厳選した荷物で山歩きをするのですがそれでもずっしりと重い。たまに山奥で小さな動物に出合ったりすると、着の身着のまま、その日暮らしをしている姿の力強さにハッとさせられます。人間だけの世界にいると忘れてしまうようなことを、山の中にお邪魔するとそっと教えてもらえて、私の中の凝《こ》り固まった何かがほどけていくのです。だからまた山に行きたくなるんだろうな。

72 ノイズのない場所

木々に囲まれた登山道をゆっくりゆっくり登る。少し空が広くなってきたかな？　からしばらくすると山の尾根道に到着。一気に視界がひらけて心がじんわりと感動する瞬間です。同時に歩みも止まってしばし景色を眺める。それまでの自分の乱れた呼吸や足音が止まると、急に無音の世界に召喚された気分。

そしてこの体験が教えてくれたのは、山の上の音がない世界って、正確には普段浴びているノイズ（電波とか）が圧倒的に少ない場所なんだろうな、ということ。怖いくらいの静寂。けれど少し慣れると、なんて静かで澄みきっているのだろうと感動してしまった。

というわけで、疲れているときや忙しくて落ち着かないときなどは、心ここにあらずという状態になるのですが、そんなときは山の上で体験した静寂を思い出すと、す〜っと心が落ち着きます。狭い視野になっていると忘れてしまうけれど、あの山の上の静寂を思い出すことで、美しい世界に生きている奇跡を感じて心が軽く明るくなります。

好きな高山植物のハクサンシャジン。香りはなんと、ジャガイモ！（個人的な感想）美味しいホクホクとした香りです。

73 my畑へ行く

わが家では、市民農園の一画を借りて家庭菜園を楽しんでいます。畑を楽しんでいるというか、正確に言うと少し違う気がしてしまう。なんだろう、畑という舞台の上で踊らされ、いまだうまく踊れていないけれど、踊ること自体が楽しくて心と体が自然とよろこんでいるって感じでしょうか。盆踊りのように、上手い下手じゃなく輪になって踊っていること自体が無性に楽しい、というような。盆踊りを踊っていると不思議と笑顔になっちゃいますよね。あんな感じです。

その中でもやっぱり上手い下手はあるのですが。踊りでも畑でも。そしてまったくの素人が始めた家庭菜園なのに、たまたま本屋さんで夫が見つけたマイナーな自然農（耕さない・肥料を与えない）という農法を選んだものだから、なかなか上手くいかない。普通なら体験出来るような、野菜の成長や収穫のよろこびなどとは縁遠く、しかし、また違ったよろこびや楽しさ興味深さを体験させてもらっています。

いまだに多くの失敗や失態もあって、たくさん収穫したりは出来ない畑ですが、始めた頃と比べたら、少しずつ野菜が育つようになっているのはうれしい現実。こんなに下手でも畑ってやってもいいんだと、ふと笑えてきますが。

人参の葉っぱ

＼ 畑に着くとうれしくて早歩きになる ／

実る野菜の種類も少しずつ増えてきました。いまだによく分からないことばかりですが今育てられる野菜を大切にしよう、楽しもうと思っています。

74 数値だけじゃない世界

畑をしていると、知らず知らずのうちに季節に動かされているなあといつも感じます。季節とともに生きるとはなんて豊かなことだろう。私は8年ほどの畑との付き合いですが、うん十年とやっている方なんて、体で自然と感じとって畑の準備をしだすのだろうなと思います。

無意識に自然とやってしまうことほど魅力を感じるので、本当に憧れてしまいます。雪が溶けて畑の地面が出てきたら、皆さんいっせいに耕しはじめる。別に回覧板などで通達されているわけじゃなく、きっと同じことを思いついて、同じ行動をとっているのだろうなあと、数値だけじゃない世界が面白い。そっちの世界もあったんだ！　と、思い出させてもらえたことが私にとってすごく価値があること。これをしたらこれだけの対価があるとか、そんな世界とは別の次元に何だかホッとします。確実さは少ないのでドキドキもするけれど、対価のよろこびとは別のよろこびもこの世に存在しているんだよ、という普段は忘れてしまっていることをシンプルに教えてくれる。やっぱり季節は、自然はすごいなあと思います。土があり、野菜が作れて、収穫出来ること、素直な感謝がわいてきます。

75 季節の植物

　なんとなく会えていなかった人に、急に出会った時のような高揚感。季節ごとに姿を見せてくれる植物にも同じ感覚になります。また会えたね、と心から歓迎と尊敬の気持ちでいっぱいになります。

　私の個人的な好みですが、普段気にもとめられないような、山の斜面などでひっそりと咲いている季節の花を見つけると、うわーっと感動します。誰かのために咲いているわけじゃないこと。ただ自分をまっとうしている姿を見せてもらえるだけの美しさ。そんな姿を見せてもらえるだけで、そうかそれでいいんだよね、教えてくれてありがとうと、あたたかい気持ちになります。

　植物はいつも私にエールをくれる存在なのです。

flowers
of
the
season

▼ natsutsubaki

夏椿

初夏、緑の勢いが増してきた頃に出合う花。緑の中でひときわ白くて清楚で可憐です。庭木などでもよく見かけるので、近所を散歩中に開花を発見するとうれしくなります。

▼ akabanayugesyo

赤花夕化粧

なんという麗《うるわ》しい名前。最近知りました。畑の駐車場にてご対面。ピンク色がとても可愛い小さなお花です。

▼ hahakogusa

母子草

ハハコグサは黄色が美しい。花にのっているのはウリハムシ。ウリの葉っぱが大好き。可愛らしい、つぶらな瞳をしています。

第9章　楽しみの作りかた

そこかしこにある
楽しみを育てていく。
夢中になればなるほど
ここにある幸せを感じられる。

76／夏の飲みもの

珈琲色が水にゆっくり溶けていく様子。美しい模様を描いて水出されていく！

わが家は珈琲飲みの一家です。ハンドドリップが好きなのですが、やっぱり夏は暑い。ということで、夏はアイスコーヒー。水出しのアイスコーヒーが気に入っています。大きめのお茶パックにひいた珈琲豆を入れて、常温で一晩置いておくと完成。水出しの最初、珈琲色が水にゆっくりと溶けていく景色が美しくて思わずじっと眺めてしまいます。

暑い季節に美味しいアイスコーヒーが冷蔵庫にあるうれしさ。夏の暑さはきついですが、おかげで冷たい飲みものが最大限に美味しく感じられるんですよね。

77 紅茶の楽しみ

　珈琲ばかり飲んでいるわが家ですが、たまには紅茶も。そのタイミングは極めて単純。それは珈琲豆がきれた時です。

　豆がなくなってしまって悲しいところ、しかし家にお気に入りの良い茶葉があると思うと大丈夫。いつもとは違ったお楽しみとしての役割を紅茶が担《にな》っているのです。

　勝手なイメージですが、紅茶をカップ&ソーサーでいただくとき、なぜだか貴族のような、上品な気分に浸れるところも私にとっての紅茶の魅力。

　紅茶は愛知県の「リンアン」の茶葉がお気に入り。旅行や山に行くときにティーバッグタイプを持って行くと、気軽に優雅なひとときが過ごせるので、お出かけ時は紅茶派に転身します。

2

1

豚ごぼう／春菊

甘辛く味付けした豚ごぼうのおかずに、香りのしっかりとした春菊とマヨネーズを合わせて。

切り干し大根の煮物

切り干し大根の煮物を刻んで、にんにくオイルで少し炒めてからトッピング。

78／ピザ作り 意外な組み合わせ

ピザはたまにすごく作りたくなる。それは生地をめん棒でのばすというビッグイベントが最大の楽しみだから！

わが家では、いつも夫とふたりで取り合いながらの、めん棒のばし大会。上手いね！ などと合いの手を入れながら下手なりに楽しみます。

そして、のせる具材も自由に楽しめるのがとてもいいところ。ピザは自由と楽しさの象徴なのかな。今回作ったのは、作りおきおかずを中心に意外な組み合わせのトッピング。

4

3

ポテサラ／ふぐのこ糠《ぬか》漬け

明太子ポテサラをイメージして、石川県の珍味・ふぐのこ糠漬け（ふぐの卵巣の糠漬け）をトッピング。

ふきのとう／トマト／うるか

ふきのとうのほろ苦さに、富山県の珍味・うるか（鮎の塩辛）のほろ苦さ合わせ。大人な味わい。

○ 醍醐味は…

粉だらけになりながら、ピザ生地をめん棒でのばす。生地の弾力と上手に付き合いながらの楽しい作業です。

79 本日のしたいことリスト

1日はあっという間に過ぎてしまう。しかしやりたいことは尽きない。いやあ、幸せなことです。そんな次から次へとわいてくるものを並べて、飾っておけたら素敵ですが、そうもいかないので、紙に書き出しておきます。それだけで、飾っておくとまではいかなくても、かかげている気分に浸れるからです。

　私はノートにもやりたいことを書きためているのですが、そこから書き写すことも。とにかく書いておくだけでOK。もしその中のどれかひとつでも達成出来たとき、リストの中のまだ出来ていないやりたいことが、希望をまとって輝きだす気がするのです。そこがしたいことリストの醍醐味かなあと思っています。

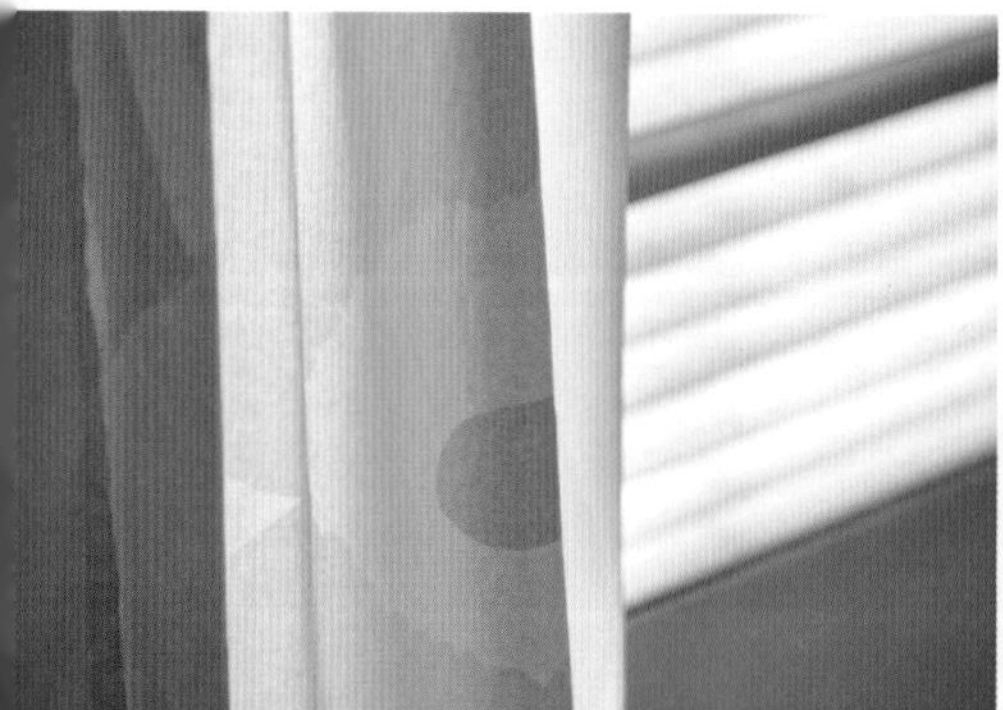

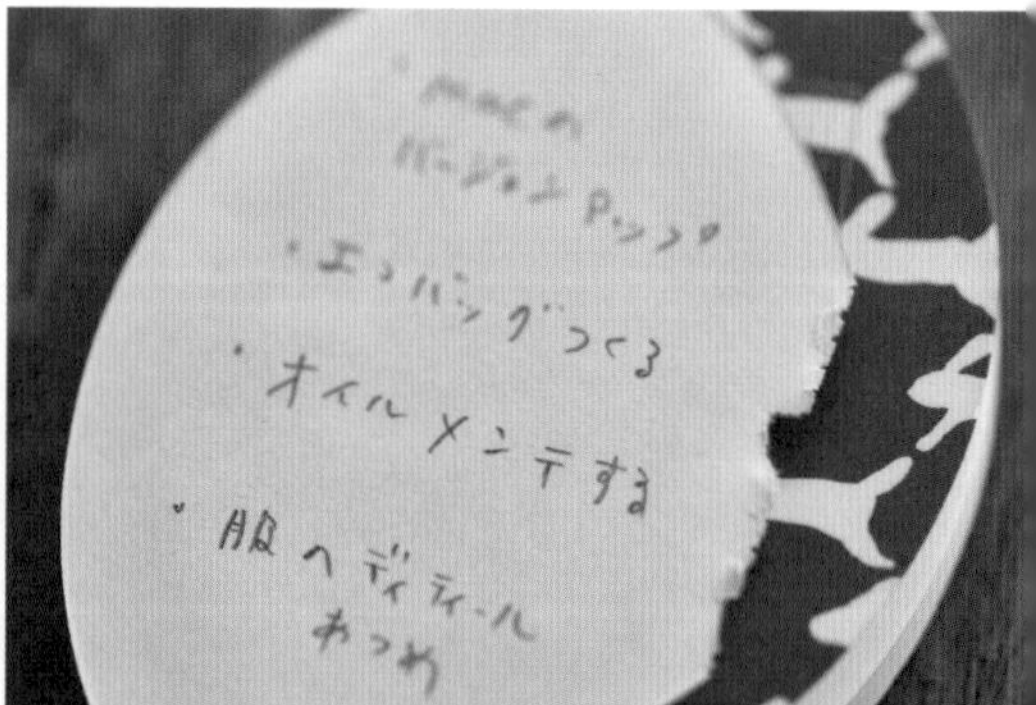

『はじめてのキャンプ』の表紙には幼き頃の私の落書き跡あり。熱い想いをぶつけたのでしょう。

80 楽しみの原点

小さな頃に読んでいた本は、自分を投影できる物語、そんな存在だった気がします。絵本は自分がストーリーの中に入り込んで楽しみますよね?!　写真の2冊の本は、子どものときに大好きでよく読んでいた本。実家から（勝手に）もらってきました。

『冒険図鑑』は、いろんな冒険が人物イラストで説明されているのでイメージがしやすく、そこに自分を重ねていました。この登場人物がしていること、私にも出来るかな？　やってみたいな、どうなるんだろう……そんな好奇心の根っこを刺激してくれた本です。どうやったら作れるかな、出来るかな、と想像力をかき立ててくれます。楽しみはそうやって生まれるとも思うし、楽しみを作るにはイメージすることが大切ですよね。

『はじめてのキャンプ』は、ワクワクドキドキがつまっています。はじめて何かに挑戦するときの気持ちは、いくつになっても変わりません。何かを達成出来たときの少し誇らしい気分も丁寧に描かれていて、挑戦することへのシンプルな動機も思い出させてくれます。

81 温泉めぐり・酒蔵めぐり

好きなものをめぐる旅。私にとって温泉と酒蔵は特別です。温泉もお酒も、二大・好きなものでもあるのですが、どちらもその土地の風土や雰囲気を味わえるのがいいのです。

例えば、温泉ならお湯から山の匂いを感じたり、火の香り、鉄の香り、色だって無限ですし、お湯の肌触りまで違う。それが毎分毎秒、湧き出し続けている有り難さを感じながら。

お酒は、その土地で昔から飲まれてきたようなお酒、つまり「普通酒」を旅に行ったときは好んで買って帰ります（もちろん気合いの入ったお酒も）。普通酒というのは比較的お安く、ラベルも渋い見た目の、これぞ昔ながらの晩酌酒というアレです。美味しい・美味しくないというよりも、なるほどなあ、という体験をしたくてこのお酒を買います。この土地の人々は、昔からこの風土でこんな味のお酒を飲んで生きてきたのか、というちょっとしたロマンを感じる楽しみです。自分の五感を存分に使って楽しめるところが本当にいい。

楽しむということは、頭じゃなく、体全体を使って自分自身をリリースすること。普段、たくさんの情報に触れて、なんとなく頭で色々判断しがちですが、そこから解放される。そんなきっかけが、好きなもの・楽しむことの中にはつまっています。

○ **風呂敷で旅へ行く**

旅には風呂敷。愛用の風呂敷は昔、青森県の「ゆずりは」というお店で購入。小田中耕一さんの型染めです。

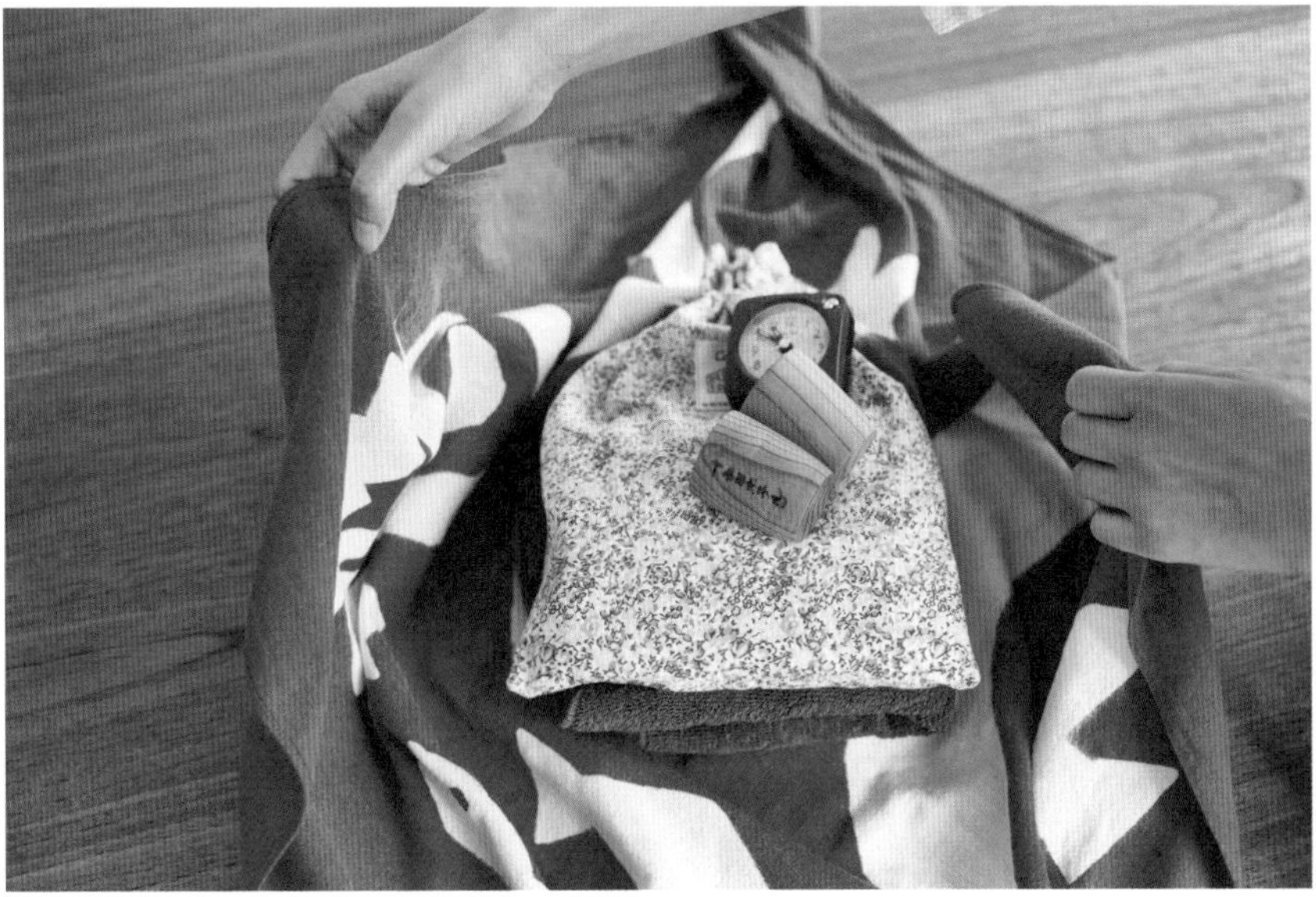

中身はいつもこんな感じ。目覚まし時計とお猪口も常に持っていきます。風呂敷のいいところは、中身がガバッと見えるところと、洗ってすぐ乾くこと。

82／旅の支度

旅の支度は、ほぼ出発当日になってしまいます。なぜか前日から用意できたことがないという。出発の朝にダダダっとすませます。

いつものマリメッコの旅行カバンを用意して、衣類や細々したものは、風呂敷にひとまとめにします。風呂敷に包むという行為が、旅への出発気分をさらに盛り上げてくれる。広げた布に旅への期待やワクワクを詰め込み、それをギュッと自分の手で結ぶ。その行為が出発の儀式となっています。

包んで結ぶ、所作《しょさ》の楽しさも風呂敷の魅力です。

猫の水入れは峠の釜めしの器を再利用。水を飲んでいる姿を遠目から眺めるとまるで釜飯を食べている猫のようです！

83 旅での楽しみを暮らしにも

旅では五感が冴えている気がします。目にするものが普段と違うおかげで、何でもないことが新鮮に見えたり。いつもならスルーしてしまいそうなことでも心に入ってきます。旅で見つけた楽しいことが、少しずつ暮らしの中にも自分の中にも蓄積していくこと、豊かなことだなあといつも感じます。

温泉宿に泊まることが夫婦揃って好きで、年に一度はどこかに泊まりに行くのですが、そこで美味しいと思ったお料理を家で再現してみたり。きのこ鍋やネギ鍋など、器の使い方や盛りつけもとても素敵だったので、それを思い出しながら楽しみます。

とある温泉宿では、そこの猫ちゃんのフード入れに「峠の釜めし」(群馬県の駅弁)の器を再利用していました。そのアイデアを真似させていただき、わが家では猫の水入れとして活躍中です。どっしりとして安定感があります。

長野県の野沢温泉に宿泊したときは、大好きな野沢菜のお漬物が、風呂上がりのおやすみ処に用意されていて、なんて素敵なおもてなし！とうれしくなったものです。家でもこのくらい気軽に食べたいなあと思っていたところ、ひらめいたのが、冬にたっぷりいただく大根の葉っぱで野沢菜漬けを作ったらいいのではと。これならモリモリと大根の葉っぱを食べられる。なんといっても野沢菜漬けの味ですから(簡易的な浅漬けのようなものですが)。

こんなふうに旅はするごとに、暮らしの中に新しい発見を落としてくれる。旅での刺激や楽しみはいろんなきっかけを与えてくれます。

84 夜の気分

日が沈む時間はちょっと物寂しい気分。日が昇る時間とはあきらかに違う雰囲気です。

1日の活動のペース配分を、心地いいものにしたい。そう思って暮らしていたら、朝はテンポよく家事をたくさんこなして、そのあとは仕事、日が沈む頃にはスピードを落としていく、そんなペース配分になっていました。

天気で気分が左右されることが自然なことのように、日が昇る・沈む、という自然のペースに合わせることが、自分にとって快適なことだったのです。

そして、日が沈む頃の、スピードを落とし、自分をゆるめる時間は、1日の中で私が最も大切にしていること。頑張り続けることを一旦リセット、スイッチを切りかえて思いっきり心からリラックスします。

夜の静けさ、自分の中の静けさ。夜の灯りを見ながらこの気分を味わえる時間が何よりの幸せです。

おわりに

最高にハッピーな日も、心モヤモヤする日も
すべての日を受け入れられたなら
本当の意味で幸せなのじゃないかなあと思います。
そんなわけで、毎日を大切にしたいですし
私が発信している暮らしのｖｌｏｇのタイトル
「ｈｉｂｉｈｉｂｉ」にもそんな想いが込められています。

毎日の繰り返しがもたらしてくれる安心感。
そして良いことも悪いこともすべてに
光を当てられたらなあと思っています。
嫌なことは受け入れがたいですが
そこにこそヒントは隠れていると感じますし
からまった糸を優しくほどいていくような気持ちで
付き合っていきたいです。
許せないことを少しずつ手放していくようなな。
そうすると日々の暮らしの見えかたも
違ってくるような気がします。

▶ YouTube　hibi hibi

▶ Instagram　asako__kuma

よろこびを発見することで、
ここにある豊かさにも気が付ける。
日常の中にはたくさんの気付きと優しさが
溢れているなあと思います。

さて、ここまで読んでくださったこと
本当に感謝いたします。
vlogを通して暮らしが好きな方とつながれたことが
この数年間で一番うれしかったことです。
この本もまたvlogのように
皆様とつながるきっかけになれば……。
何よりも幸せなことです。

それではまた
YouTubeとインスタグラムで会いましょう！

asako

asako（あさこ）

デザイナー／石川県在住。2019年の春よりYouTubeにて「hibi hibi」というタイトルでvlogをスタート。夫と白猫2匹との何気ない日常や、季節ごとの家仕事や晩酌、自然の景色など自らが好きなものを日々撮りためて「暮らしのvlog」として発信。それまでの動画制作の経験はゼロ。何も分からないまま、手持ちのミラーレス一眼レフで好きなように撮り始め今に至る。著書に『明日へのたね蒔き』（主婦の友社）。本書では著者自身がブックデザインも担当した。（※p47、57、139、150、151の写真は著者が撮影。）YouTube登録者数は2021年8月現在11万人。

▶ *YouTube*　**hibi hibi**
▶ *Instagram*　**asako__kuma**

hibi《ひび》 hibi《ひび》
自分《じぶん》がよろこぶ暮《く》らしかた
心《こころ》が快適《かいてき》になる、
ほんの少《すこ》しのヒント84

2021年10月 5 日　第 1 刷発行
2021年10月20日　第 2 刷発行

著　者　asako《あさこ》
発行者　佐藤 靖
発行所　大和《だいわ》書房
東京都文京区関口1-33-4
電話03-3203-4511
撮　影　木村文平
ブックデザイン　asako
印　刷　歩プロセス
製　本　ナショナル製本

ISBN978-4-479-78542-2
乱丁・落丁本はお取替えします
http://www.daiwashobo.co.jp

※本書に記載されている情報は2021年8月時点のものです。商品の仕様などについては変更になる場合があります。
※本書に掲載されている物はすべて著者の私物です。現在入手できないものもあります。あらかじめご了承ください。